Dieter Günther und Boris Schmidt

Sicherheit aus Schwedenstahl

Volvo 140 bis 260

Unter Mitarbeit von Norbert Oertel

autovision

Impressum

© 2004 by autovision - verlag
　　Günther & Co., Hamburg

Alle Rechte der Verbreitung, einschließlich Film,
Funk und Fernsehen sowie des auszugsweisen
Nachdrucks, insbesondere die Nutzung von
Ausschnitten zu Werbezwecken, vorbehalten.
1. Auflage Hamburg 2004

Verantwortliche Autoren:
　　Dieter Günther, Hamburg
　　Boris Schmidt, Frankfurt

Lektorat:
　　Norbert Oertel, Hamburg
　　Dr. Stefan Dierkes, Karlsruhe

Titelgestaltung und Layout:
　　Martina Wessels
　　www.MW-Design-Buero.de

Druck:
　　Mediaprint Informationstechnologie GmbH,
　　Paderborn

Printed in Germany

ISBN 3-9805832-8-7

Inhalt

4	**Vorwort**
	von Dieter Laxy
5	**Sicherheit aus Schwedenstahl**
	Sicher in die Zukunft – die Baureihe 140
35	**Äußerer Gestaltungswille**
	Prototypen
39	**Der Million-Seller**
	Mit dem 240/260 wurde Volvo in Deutschland bekannt
65	**Der Volvo 240: Das Auto für die Dinge des Lebens**
	von Wolfgang Peters
67	**Die Lust am Besonderen – Sonderkarosserien**
	Professionelle Karosserieschneider... und Amateure
79	**Modellathlet?**
	Volvo 140 und 240 im Motorsport
87	**Schneller, schöner, praktischer**
	Tuning... und Zubehör
95	**Kaufberatung**
	Schwedenstahl, rostfrei?
103	**Zahlen, Fakten, Fans**
	Viel mehr als nur Autos
107	**Der Weg als Ziel**
	Mit einem Volvo 144 bei der Oldtimer-Rallye LE JOG
113	**Gernegroß**
	Vom 142 bis 265: Miniaturen
117	**Entwicklungshilfe**
	Der Volvo 140/164/240/260 und die Modellpflege
137	**Technische Daten**
142	**Fotonachweis**
143	**Dank**
144	**Die Autoren**

Vorwort

von Dieter Laxy

Wer schon zu Lebzeiten ein Denkmal gesetzt bekommt, der muss schon Besonderes geleistet haben. Im übertragenen Sinne gilt das auch für Fahrzeugmodelle, die zum Thema einer automobil-historischen Betrachtung werden, obwohl sie doch im Straßenbild noch immer sehr präsent sind. Die Modelle der Serien 140, 160, 240 und 260, deren Geschichte in dem vorliegenden Buch dokumentiert wird, sind für Volvo von außerordentlicher Bedeutung. Und mindestens die 200er-Modelle, deren Produktion erst im Mai 1993 nach mehr als 2,8 Millionen Exemplaren endete, sind weit davon entfernt, in Vergessenheit zu geraten.

Das wird dem Erfolg dieses Buches keinen Abbruch tun. Im Gegenteil: Die Erinnerungen an die in diesem Werk beschriebenen Modelle sind, so wissen wir aus direkten Kontakten mit unseren Kunden und aus Berichten unserer Händlerpartner, in überwältigendem Maße positiver Natur. Und wer heute noch stolzer Besitzer eines Fahrzeugs aus einer dieser Baureihen ist, der nutzt und pflegt seinen treuen Begleiter in dem Bewusstsein, ein Auto mit Charakter sein eigen nennen zu dürfen.

„Funktionelle und vernünftige Lösungen sind oft die attraktivsten." Mit dieser Einschätzung von Jan Wilsgaard, von 1950 bis 1990 Designer bei Volvo, lässt sich das Erfolgsrezept der Baureihen 140, 160, 240 und 260 überaus treffend beschreiben. Als der von Wilsgaard entworfene Volvo 144 im Jahre 1966 als Nachfolger des legendären Amazon präsentiert wurde, war er der Konkurrenz auf einem besonders vernünftigen Gebiet weit voraus: der Sicherheit. Hatten Fahrzeuge der Marke Volvo bis dato mit Zuverlässigkeit, Solidität und sportlichem Charakter überzeugt, kam nun neben dem ausgeprägten Komfort der vorbildliche Insassenschutz als Verkaufsargument hinzu. Beim 1974 vorgestellten Volvo 240 ging die Konzentration auf diese maßgebliche Tugend noch einen Schritt weiter: Innovationen aus dem Sicherheitsversuchsfahrzeug VESC flossen direkt in seine Serienfertigung ein.

Sicherheit ist bis heute ein elementarer Kernwert für alle Fahrzeuge der Marke Volvo. Der Grundstein für unser Prinzip, mit jedem neuen Modell eine Führungsrolle auf dem Gebiet des Insassenschutzes zu übernehmen, wurde bereits mit dem Volvo 144 gelegt. Und genau darin liegt der einzigartige Stellenwert der in diesem Buch dokumentierten Baureihen.

Die Autoren dieses Werkes, das von großem Fachwissen und enger Verbundenheit zum Charakter der Marke Volvo geprägt ist, haben eine faszinierende Rückschau vorgelegt. Ihre Aufzeichnung der fast 30 Jahre umfassenden Ära der Modellreihen 140, 160, 240 und 260 öffnet den Blick auf ein überaus bedeutsames Kapitel in der abwechslungsreichen Geschichte des Automobilbaus bei Volvo. Allen Freunden der Marke, die der Einladung zu dieser spannenden Zeitreise folgen, wünsche ich viel Vergnügen bei der Lektüre.

Dieter Laxy, Operating Chairman
Volvo Car Germany GmbH

Sicherheit aus Schwedenstahl
Sicher in die Zukunft – die Baureihe 140

Zeitlos, praktisch, zuverlässig: der 140er (links). Der 164er (rechts) sorgte für eine Extraportion Luxus und Leistung

Dieses Buch muss mit einer Frage beginnen: Sitzt der namenlose Fahrer in John Irvings Geschichte „Fast schon in Iowa" in einem Volvo Amazon oder in einem 142 S? Wir wissen nur so viel: „Es war eine verstaubte, tomatenrote, zweitürige Limousine, Baujahr 1969, mit schwarzen Semperit-Gürtelreifen, serienmäßigem Viergang-Schaltgetriebe, vier Zylindern, Doppelvergasern..." Tomatenrot – das meint jenen wunderschönen, kirschroten Farbton mit dem Volvo-Code 46, der für beide Modelle ebenso lieferbar war wie die beiden SU- oder Stromberg-Vergaser (denn sie sind wohl mit der Bezeichnung „Doppelvergaser" gemeint). Zur Klärung der Frage tragen diese Informationen aber nicht bei, wie dies auch die übrigen Angaben nicht tun: Der zweitürige 122 S wurde 1969 noch und der 142 S schon gebaut (die 140-Baureihe startete mit dem viertürigen 144 und legte im Mai 1967 den zweitürigen 142 nach).

Der Presse vorgestellt wurde die neue Volvo-Baureihe 140 bereits im August 1966 – nachdem Designer, Ingenieure und Techniker mehr als fünf Jahre am neuen Modell gearbeitet und Volvo umgerechnet rund 50 Millionen Euro in die Entwicklung investiert hatte. Die neue Baureihe sollte langfristig den P 120 (Amazon) ersetzen, der jedoch als Viertürer noch bis Sommer 1967 und als Zweitürer sogar bis 1970 weitergebaut wurde; die Kombivariante (Volvo 220) lief 1969 aus. Volvo überstürzt eben nichts, auch die Amazon-Baureihe und deren Vorgänger – der später „Buckel-Volvo" genannte PV 544 sowie der Kombiwagen P 210 (oder „Duett") – waren lange parallel zueinander gebaut worden:

Der PV 544 verabschiedete sich 1965, der P 210 vier Jahre nach ihm. Neben Amazon und Duett umfasste die Volvo-Palette im Frühjahr 1966 noch das Coupé P 1800.

Ein brandneuer Volvo war und ist stets ein Meilenstein in der Firmenentwicklung, für den 140 gilt dies insbesondere. Die Baureihe, deren Nomenklatur nach dem einfachen Schema 1 (für Personenwagen), 4 (das vierte Modell von Volvo/Zahl der Zylinder) und 4 (Zahl der Türen, also auch 2 oder 5) aufgebaut ist, musste ein Erfolg werden – schließlich war der Amazon „The car, that put Volvo on the map", wie es in einer Broschüre des schwedischen Herstellers hieß. Klar, dass die AB VOLVO mit dem neuen Modell die errungene Position – nicht zuletzt auf den Exportmärkten – festigen und ausbauen gedachte. Dass dieses Vorhaben gelungen ist, steht außer Frage; sonst würde es dieses Buch nicht geben.

Verschiffung nach Übersee: Volvos der 140er-Baureihe wurden in alle Erdteile geliefert

Die Gründe für den Erfolg der neuen Baureihe sind aus heutiger Sicht vielschichtig. Da ist zunächst die schnörkellose Form. Damals, Mitte der sechziger Jahre, dürfte beim Anblick des neuen Volvo 140 kaum jemand in Begeisterungsstürme ausgebrochen sein. Wie gut aber das von Jan Wilsgaard geschaffene Design tatsächlich war, zeigt sich erst heute: Selbst Jahrzehnte nach seinem Debüt wird ein 140er niemals so alt geschätzt, wie er ist. Dabei wurde die 140-/240-Baureihe von 1966 bis 1993 produziert – und in diesem langen Zeitraum technisch grundlegend, optisch dagegen kaum modifiziert. Nach so vielen Jahren trotzdem noch frisch und „ansehnlich" zu wirken, belegt Wilsgaards These, dass „funktionelle und vernünftige Lösungen oft die attraktivsten" sind. Andere Garanten für gute Geschäfte mit dem massiven Mobil aus Schweden waren seine Langlebigkeit, seine Zuverlässigkeit – und jener Eindruck von Solidität und hoher Qualität, jenes Gefühl von Geborgenheit, das Fahrer wie Passagiere empfanden und schon vom Amazon her kannten.

Ein anderer wichtiger Aspekt war selbstredend das Thema Sicherheit, bei Volvo stets groß geschrieben. Beispielsweise hat der schwedische Hersteller den Sicherheitsgurt quasi erfunden und ab Modelljahr 1959 serienmäßig in allen 544- und 120-Fahrzeugen eingebaut – eine Pioniertat. Trotzdem wird das Thema Sicherheit beim neuen 140 noch prominenter in den Vordergrund gerückt, natürlich auch in der Werbung: Der Volvo als sicheres und deshalb besonders familientaugliches Auto – gemacht für bewusst lebende Besserverdiener, die wenig Wert auf schönen Schein, wohl aber auf eine durchdachte, solide Konstruktion legen. Diese (Werbe-)Strategie gipfelte in dem Slogan: „The car for people who think", mit dem später in den USA etwa für die 200-Baureihe geworben wurde. Mit diesem neuen Ansatz verschob sich natürlich auch die Position der Marke Volvo am Markt: Zählten bei 544 und Amazon sportliche Limousinen von Borgward oder BMW zu den Konkurrenten, so muss sich der 140 eher mit Audi 100 oder mit den „kleinen" Mercedes-Modellen auseinandersetzen. Auf dem deutschen Markt fiel dem schwedischen Hersteller (anders als in seinem Heimatland oder etwa in der „neutralen" Schweiz) die Auseinandersetzung mit den deutschen Platzhirschen schwer, die Zulassungszahlen belegen dies. Unter den Exportfahrzeugen dagegen fand der 140 perfekt seine Nische: Galten Peugeot 504 als komfortabel, Citroën ID/DS als avantgardistisch, Alfa als sportlich und Rover als edel, so wurde das robuste Schwedenmobil als zuverlässig, langlebig und vor allem sicher betrachtet. Keine schlechte Ausgangsposition!

Serienmäßige Dreipunktgurte vorn sind beim „sicheren" 140 also nur ein kleines, kaum erwähnenswertes Detail. Vielmehr halten die schwedischen Ingenieure ein ganzes Bündel an Maßnahmen parat, um neue Sicherheitsstandards zu setzen. Sowohl in der Front- als auch in der Heckpartie sind Knautschzonen einberechnet, das Dach ist mit drei

Große Öffnungswinkel der Türen gestatten auch allen Plätzen unkompliziertes Ein- und Aussteigen

Überrollbügeln verstärkt, die Lenksäule durch eine „Sollbruchstelle" entschärft und die Türen schließen mit „unfallsicheren" (Prospekt-Werbung) Schlössern. Die Windschutzscheibe besteht, wie bei jedem Volvo seit 1944, aus Verbundglas (auch das war damals noch längst nicht üblich); Kopfstützen vorne gehören allerdings erst ab 1969 beim 140 zur Serienausstattung. Erstmals in einem Volvo werden Scheibenbremsen an allen vier Rädern eingesetzt, es gibt einen Bremskraftregler und zwei Bremskreise, von denen jeder auf beide Vorderräder und ein Hinterrad wirkt. Dieses Bremssystem wurde damals immer wieder besonders hervorgehoben, es stellt sicher, dass auch beim Ausfall eines Kreises wenigstens 80 Prozent der Verzögerungsleistung zur Verfügung stehen (heute haben Autos immer zwei unabhängige Bremskreise, die getrennt auf alle vier Räder wirken).

Weitere, weniger wichtige Aspekte in Sachen Sicherheit lassen sich aufzählen: Das Armaturenbrett und der Knieraum für Fahrer und Beifahrer sind mit Kunststoff „gepolstert", der Innenspiegel lässt sich abblenden, Halterungen für Kopfstützen vorne und hinten sind ebenso vorhanden wie Befestigungspunkte für zwei Dreipunktgurte und einen Zweipunktgurt im Fond. Der Hebel für die Handbremse sitzt links vom Fahrersitz, die Feststellbremse wirkt auf eigene Trommeln. Somit hat sie eine höhere Wirkung als Systeme, die gleichfalls auf die Scheiben wirken, und Fahren mit angezogener Bremse schadet nicht dem Hauptsystem. Letzteres dürfte kaum vorgekommen sein: Der 140 hat bereits eine Warnleuchte für die gezogene Handbremse.

Wie der 140 überhaupt in manchen Dingen immer noch ein modernes Auto ist. Die Türen öffnen beinahe im 90-Grad-Winkel und lassen einen bequemen Einstieg zu, die Vordersitzlehnen können stufenlos bis in die Liegeposition verstellt werden. Ohne Kopfstützen ergibt sich mit der Sitzfläche der Rückbank eine lückenlose Schlafstatt. Die Vordersitze sind auch in der Höhe einstellbar, allerdings muss man hierfür zum Schraubenschlüssel greifen (drei Positionen). Selbstverständlich hat der 140 einen Tageskilometerzähler, und der sechsstellige Kilometerzähler reicht – sehr selbstbewusst! – bis 999.999 Kilometer. Ein weiteres nettes Detail: Wer auf der Autobahn den Fahrstreifen wechseln will, muss den Blinkerhebel nur antippen, ein Einrastenlassen ist nicht nötig. Das mögen Kleinigkeiten sein, doch sie fügen sich ins überzeugende Gesamtbild ein. Ein anderes

Einziges 140-Modell beim Serienstart nach den Sommerferien 1966: die viertürige Limusine P 144

Volvos am laufenden Band: nahezu vier Jahre lang wurde neben der 140er-Serie auch der Amazon noch produziert

Beispiel: Die geöffnete Motorhaube vieler Autos wird heute noch mittels eines Stab gehalten; beim 140 dagegen sind die Scharniere mit einem Federsystem bestückt, das einen Haltestab überflüssig macht.

Trotzdem bleibt genügend Raum für denn Charme der frühen Jahre, der sich etwa in dem wunderbar schmalen Bakelit-Lenkrad zeigt – dessen filigraner Hupring nicht rund, sondern in seiner oberen Hälfte abgeflacht ist: Der Fahrer soll ungehindert auf die Instrumente blicken; mit einem kleinen beweglichen Pfeil lässt sich sogar die persönliche Reisegeschwindigkeit am horizontalen Bandtacho markieren. Zusammen mit dem Wasserthermometer und der Tankuhr, den Warnleuchten für Blinker, Fernlicht, Öl, Ladeanzeige und Handbremse ergibt sich ein rechteckiger Block, der die plane Armaturentafel (sie besteht aus Aluminium und ist mit Kunststoff überzogen) bestimmt. Ganz links neben dem Tacho, der etwas optimistisch bis 200 reicht, sitzen wahllos verstreut die Schalter für Licht, Scheibenwischer, Choke, heizbare Heckscheibe und, falls montiert, für Zusatzscheinwerfer (Nebelleuchten), die damals gegen einen Aufpreis von zunächst 120,– Mark zu haben waren. Die Scheibenwischer laufen in zwei Geschwindigkeiten, an ein Intervall hat selbst Volvo noch nicht gedacht. Rechts vom Tacho sitzen die Knöpfe für das zweistufige Gebläse, der Zigarettenanzünder und der Warnblink-Schalter, der im

Die zwei Seiten eines Autos: Warum wurde dieses Bild im Hof der Wilhelm Karmann GmbH gemacht – und warum trägt der gezeigte 144 auf der einen Seite die richtigen, auf der anderen Seite aber die „falschen" (weil eingelassen) Türgriffe des Jahrgangs 1972?

Frühjahr 1967 zum Marktstart des 140 in Deutschland noch nicht Vorschrift war (60,– Mark Aufpreis). Genau in der Mitte des Armaturenbretts sitzen drei Rändelräder zur Bedienung der Heizung, die nachts beleuchtet sind. Weiter rechts sitzt der Aschenbecher (vom Fahrer schlecht zu erreichen, wurde damals kritisiert). Dann folgt der Platz für das Radio (Kostenpunkt damals: rund 350,– Mark!); ganz rechts befinden sich Lautsprecher und Haltegriff für den Beifahrer.

In dieser streng geometrischen Anordnung haben die Designer einen Platz für eine Zeituhr sowie einen Drehzahlmesser vergessen. Dieser wurde gegen Aufpreis (zu Beginn 160,– Mark) einfach auf das Armaturenbrett gesetzt, später rückte er in die Nähe der Lenksäule. Der Platz für die ebenfalls nicht serienmäßige Zeituhr ist unten am Schalthebel, am vorderen Ende der Ablage zwischen den Sitzen. Auch die Ablage war aufpreispflichtig, sie kostete 12,70 Mark. Zu erwäh-

nen sind noch das große, abschließbare und beleuchtete Handschuhfach und der Sicherungskasten in der Mitte unterhalb der Armaturentafel – eine besser zugängliche Stelle gibt es nicht. Der Schalthebel erinnert in seiner Länge an den eines Lastwagens, er verläuft nicht steil, sondern schräg und mündet weit vorne in den Kardantunnel; bei 140ern mit automatischem Getriebe sitzt der Wählhebel an der Lenksäule.

Übersichtlichkeit und Rundumsicht sind im 142, 144 und 145 hervorragend, den großen Glasflächen und den schmalen Dachpfosten sei Dank. Gut bis sehr gut – auch nach aktuellen Maßstäben – muss das Raumangebot bewertet werden. Fahrer und Beifahrer leiden in dieser Hinsicht keinen Mangel, und hinten sitzen zwei bis drei Personen ordentlich. Dass die Beinfreiheit für ein 4,64-Meter-Auto eher mittelmäßig ist, liegt am relativ geringen Radstand von 2,60 Meter (der Mercedes 200 hatte 10 cm mehr zu bieten). Obwohl der 140 eine Neukonstruktion war, orientierten sich die Volvo-Ingenieure aus Kostengründen an der 120-Baureihe, die über den gleichen Radstand verfügte. Allerdings ist der 144 fast 20 Zentimeter länger als der 120 und elf Zentimeter breiter. Viel Länge versteckt sich beim 140 im Kofferraum, der mit einem Fassungsvermögen von fast 600 Litern riesig ist; rechts in der Ecke beherbergt er ein senkrecht stehendes Reserverad. Die amerikanische Zeitschrift „Road & Track" schreibt in ihrem ersten Bericht über den 144 vom größten Kofferraum, den die Redakteure jemals bei einem Auto dieser Größe gesehen haben. Einziger Nachteil:

Arbeitsplatz eines 140er-Lenkers des Modelljahres 1967

Nur auf wenigen Märkten erhältlich: die durchgehende vordere Sitzbank

die Ladekante ist mit knapp 90 Zentimeter sehr hoch, aber die senkrechte Rückwand trägt zur Crash-Steifigkeit bei. Zu den gesuchten Zubehör-Utensilien gehört der in das Reserverad eingepasste Original-Volvo-Benzinkanister, das nennt man optimale Raumausnutzung.

Technisch bot der 140er Neues neben Bekanntem. Die Vorderräder sind einzeln an trapezförmigen Dreiecksquerlenkern mit Schraubenfedern aufgehängt, die hintere Starrachse ähnelt der des Amazon. Der entscheidende Unterschied: Statt konischer Halbwellen mit aufgesetzter Radnabe (die bei Extrembelastung zum Abscheren neigten) kamen jetzt Achswellen mit festem Flansch zum Zuge; die vordere wie die hintere Spur wurde verbreitert. Dass Volvo auch bei den Motoren und Getrieben auf dieselbe Palette zurückgriff wie beim Amazon, ist einer der Gründe, warum die 140-Baureihe in Deutsch-

Schluckt das umfangreichste Reisegepäck: der 140er-Limousinen-Kofferraum

jahr 1967 genau 12.250,– Mark, damit war er 1.000,– Mark teurer als der 122 S; für den 144 waren 11.450,– Mark zu bezahlen. Damit befand sich Volvo auf dem Preisniveau von Mercedes-Benz, der heute berühmte „Strich-Achter", der im Januar 1968 auf den Markt kommen sollte, stand als 200er mit 11.500,– Mark in der Preisliste – als ein viertüriger Opel Rekord C 1900 S schon für 8.575,– Mark zu haben war. In seiner schwedischen Heimat sah das natürlich anders aus. Da kostete ein 144 S samt Overdrive 21.000,–, ein Mercedes 200 21.990,– und der 1900er Rekord Viertürer 17.995,– Schwedenkronen. Der Klassiker aus Rüsselsheim war mit einer Länge von 4,57 cm zwar etwas kürzer als der 140, hatte aber einen etwas größeren Radstand (2,67 Meter).

land heute so selten geworden ist. Viele, viele 140er wurden von Amazon- und auch Buckel-Besitzern ausgeschlachtet, zu einer Zeit, als das Modell noch ein Youngtimer war und die hohen Kraftfahrzeugsteuern für Autos ohne Katalysatoren das (Über-)Leben schwer machte. Es ist paradox, aber heute ist ein 140 in Deutschland seltener als Buckel oder Amazon.

Als der 140 im August 1966 debütiert, ist er zunächst nur als Viertürer (144 und 144 S) zu haben. Sogar dem Nachrichtenmagazin „Spiegel" ist das eine kleine Geschichte unter der Überschrift „Doppelt gebremst" wert. Dass es neun verschiedene Motoren geben soll, wie in der abgedruckten Bildunterschrift und im Text zu lesen, erweist sich allerdings als falsch: Im April 1967 stehen in Deutschland nur zwei 1,8-Liter-Motoren (wie im Amazon) zur Wahl, mit einem Vergaser und 75 PS (B 18 A) und der mit zwei Horizontalvergaser und 100 PS (B 18 B). Der Preis für den 144 S mit zwei Vergasern betrug im Früh-

Das B 18-Aggregat in den 140 zu übernehmen, war eine gute Wahl. Rau und unverwüstlich, operierte die schon 1966 eher betagte Konstruktion mit untenliegender Nockenwelle und parallel hängenden Ventilen; Aus- wie Einlasskanäle liegen auf einer Seite. Wenig elastisch, aber erstaunlich drehfreudig (sogar mehr als 6.500 U/min waren möglich), hatte das amerikanische Fachblatt „Car & Driver" dem Vierzylinder im März 1965 bestätigt, „dem Ideal des nicht klein zu kriegenden Serienmotors... am nächsten zu kommen". Wohl wahr! Der Motorton ist beim Zweivergaser-Modell kräftig, aber nicht unsympathisch. 100 PS bei nur 1,2 Tonnen Leergewicht (heutige Kleinwagen wiegen mehr!) reichen für ein schnelles Fortkommen, aber gleich von „Sportwagen-Leistungen" zu sprechen, wie es die unvergessene Zeitschrift „hobby" in einem der ersten deutschen Fahrberichte im November 1966 tat, ist stark übertrieben. „auto motor und sport" rückt die Motorleistung im Juni 1967 ins rechte Licht. Beschrieben wird die Erwartung von phlegmatischem Temperament – und man zeigt sich überrascht: Die Fahrleistungen sind „respektabel", ebenso die Höchstgeschwindigkeit von 162 km/h: „Auf Autobahnen ist der 144 ein schnelles Fahrzeug." Vier Gänge waren üblich, zumal es optional und nur für die Zweivergaser-Modelle ein elektrisch zum vierten Gang zuschaltbares Overdrive gibt, das die Drehzahl (und damit Geräusch und Verbrauch) um rund 1.000 Touren senkt – zum stattlichen Aufpreis von 800,– Mark. Die Automatik ist von Beginn an erhältlich (drei Stufen, von Borg-

Sowohl den weitgehend serienmäßigen Express als auch von Karosseriebaufirmen durchgeführte Umbauten des 145 gab es als Krankenwagen

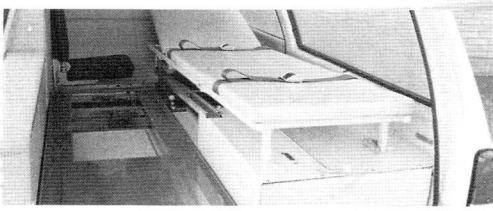

Der hellblaumetallicfarbene 144 GL war 1970 das Topmodell der Baureihe. Diese 144 GL – noch mit Vergasermotoren! – zählen heute zu den absoluten Raritäten

Keine Angst vor dem Rütteltestparcours: Auch 140er-Volvos sind grundsolide gebaut – wie hier auf dem Testgelände in Stora Holm zu sehen

Warner, noch stattlichere 1.150,– Mark), sie beschert vor allem den Einvergaser-Autos ein träges Gemüt. Der Testverbrauch von 14,3 Liter auf 100 Kilometer (mit Spitzen von 11,6 und 15,0) wird als normal erachtet.

Die Aussagen des Testers Reinhard Seiffert hinsichtlich des Fahrverhaltens müssen natürlich in Bezug zur damaligen Zeit gesehen werden. Heute wäre der 140 schon wegen der fehlenden Servolenkung indiskutabel. Damals wird nur gelobt, die Bremsen seien hervorragend, das Fahrverhalten allemal. Natürlich übersteuere der hinterradgetriebene 144 im Grenzbereich, das lasse sich aber sehr gut kontrollieren. Der Wagen sei sehr gutmütig, ganz Volvo eben. Weniger gut kommt der Federungskomfort weg. Der sei zwar besser als im Amazon, aber vor allem bei langsamer Fahrt bekommen die Passagiere schon die kleinste Bodenunebenheit zu spüren. Merkwürdig: Je beladener das Auto, desto besser der Komfort...

Fährt man den 144 (82 PS) nicht schneller als 120 km/h, liegt der Verbrauch zwischen 9 und 10 Liter Superbenzin auf 100 Kilometer. Der Tank fasst 58 Liter. Heute eine echte Schwäche: Wer beim Tanken wartet, bis der Sperrmechanismus die Zapfpistole automatisch abstellt, bekommt ordentlich Sprit über die Schuhe (die ersten Zapfsäulen mit Selbstbedienung kamen erst Anfang der siebziger Jahre auf). Heute wie damals von Vorteil ist der kleine Wendekreis von 10 Metern, eine Eigenschaft, die von den damaligen Testern immer wieder gerne hervorgehoben wurde.

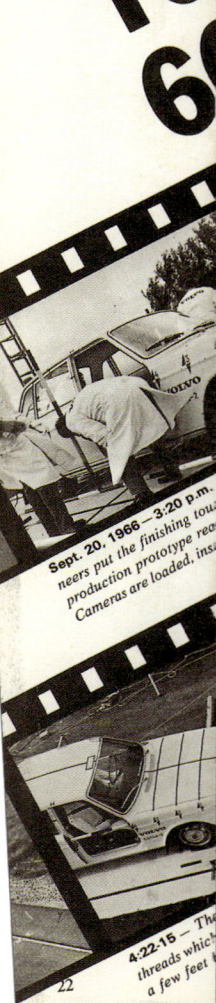

Das Thema heißt Sicherheit: Volvo Werbung in deutschen Gazetten. Über das Bild von der Schwangeren witzelte „Die Zeit": „Ob ihr die Fahrt mit dem hart gefederten Volvo gut bekommt, sei dahin gestellt!"

Doch nach der ersten Euphorie über den neuen Volvo regte sich auch Kritik. Die Zeitschrift „mot" listet im Februar 1971 gleich 15 Minuspunkte auf. Bemängelt werden unter anderem die Lenkung, die Federung, die verstreut liegenden Bedienelemente, die altmodischen Zugschalter, die fehlende Direktbelüftung der Windschutzscheibe, die hohe Ladekante, der leicht festfrierende Kofferraumdeckel. Was den Testern nicht aufgefallen ist, und was der schwedische Hersteller eigentlich während der Entwicklung hätte merken müssen: Bei manchen Modellen sitzt die Zündspule direkt oben an der Spritzwand. Wird nach einem Regenguss die Motorhaube geöffnet, ergießt sich das darauf stehende Wasser über die Spule – und setzt das Auto für eine Weile außer Gefecht. Auch die heutigen Waschstraßen mag der Motor nicht. Gelobt hat „mot" natürlich ebenfalls, unter anderem die vorbildliche Rostvorsorge, die sachliche Karosserieform, das Platzangebot, die bequemen Sitze (vorne), die gute Heizung und, aus heutiger Sicht besonders erwähnenswert: die vorbildliche Abgasentgiftung: „Die von der kommenden deutschen Vorschrift geforderten Grenzwerte für Kohlenmonoxyd und Kohlenwasserstoff werden um mindestens 50% im günstigsten Fall um 75% unterschritten." Kein Wunder, dass in der Volvo-Werbung der deutsche Bundestag zitiert wird... wie sich Volvo schon lange vor der Einführung des Katalysators in den siebziger Jahren Gedanken um die Umwelt gemacht hat.

In den ersten Produktionsmonaten werden wie schon erwähnt nur Viertürer gebaut, im Mai 1967 kommt der 142 genannte Zweitürer dazu, zunächst nur in Einvergaser-Variante.

Der Kombi 145 wird erst von November 1967 an produziert. Er wird maßgeblich zum Erfolg der 140er-Baureihe beitragen. Die Außenlänge stimmt mit 4,64 Meter exakt überein, die hinteren Türen sind die gleichen wie in der Limousine. Wie viele heutige Kombis bietet bereits der 145 ein Fach mit zirka 110 Liter Volumen unter dem Laderaumboden, das Reserverad steht senkrecht daneben, die maximale Laderaumlänge beträgt fast 1,90 Meter – Werte, sie sich (immer noch) sehen lassen können, ebenso die (gegen Aufpreis erhältliche) versenkbare Kinderbank für die Ladefläche. Die Kinder schauten dann gegen die Fahrtrichtung. Zu motorisieren war der Kombi sowohl mit dem 75- als auch dem 100 PS-Motor.

Im Sommer 1968 wird der Hubraum des Motors von 1,8 auf 2,0 Liter erhöht, mausert sich der B 18 zum B 20 – mit Ventilschaftdichtungen als wichtigste Änderung. Die Einvergaser-Version hat jetzt 82 PS (bei der Zweivergaser-Version bleibt die Leistung gleich), dafür steigt bei beiden Motoren das Drehmoment: Es liegen jetzt 160 Newtonmeter bei 2.300 U/min beziehungsweise 155 bei 3.500 U/min an. Das leicht höhere Drehmoment bei weniger Drehzahl und die höhere Motorleistung machen den „schwachen" Motor im Vergleich zur 100 PS-Variante attraktiver. Auch die Angebotspalette wird attraktiver, sie wird im Herbst mit dem neuen, 164 genannten Flaggschiff nach oben begrenzt (später mehr dazu). Eine weitere wichtige Änderung betrifft die Sitze der 140er-Reihe: Sie sind jetzt mit Stoff und nicht mit Kunststoff bezogen.

In der Schweiz nutzt der Importeur den neuen Motor, um mit dem Volvo GT 20 ein Sportmodell in der Tradition des 123 GT auf die Beine zu stellen, das heute unter Fans sehr gesucht ist und einen Motor mit 105 PS haben soll. Mit schwarzen Rallye-Streifen auf der Motorhaube und an den Flanken sowie einem schwarzen Heckblech und Nebellampen zeigt der GT 20 ein völlig anderes Bild

Volvo sticht: 140/240 im Autoquartett

Volvo 140 bis 260   17

Für Volvo-Lenker mit sportlichen Ambitionen: der Volvo 142 GT – hier als US-Modell...

...und für die Schweiz als Volvo GT 20 aus dem Verkaufsprogramm von 1970

als ein herkömmlicher 142. Weitere sportliche Attribute sind ein Drehzahlmesser sowie ein Sportlenkrad. Auch für Amerika gab es eine ähnliche 142 GT-Variante, sie glänzte äußerlich mit Radlaufchrom.

Im nächsten Modelljahr (1970) wird die 140er-Familie komplett: Im September 1969 ersetzt der 145 Express den im Februar verabschiedeten Duett. Der in der Länge unveränderte Express soll in erster Linie Nutzfahrzeug sein, er unterscheidet sich vom herkömmlichen Kombi auf den ersten Blick durch das ab der B-Säule erhöhte Dach, was eine maximale Laderaumhöhe von gut einem Meter statt 80 Zentimeter bringt; auf dem nicht erhöhten Teil des Daches prangt ein Gepäckträger. Der Express wird vier Jahre bis Juni 1973 hergestellt, danach entstehen noch einige Exemplare auf Kundenwunsch. In Deutschland ist er offiziell nie angeboten worden, wohl aber in der Schweiz. Seltener als dieser Hochdach-Kombi ist kein Volvo der 140er-Serie. In der Grundausführung war er ein vollverglaster Kombiwagen mit umklappbarer Rücksitzbank. Dazu gab es eine Gewerbeausführung ohne hintere

Sitzbank, mit verkleidetem Laderaum und Trenn-Netz hinter den Vordersitzen. Diese Version gab es auch als Lieferwagen, sprich mit Verkleidungen anstelle der Seitenfenster. Ohne Rücksitzbank ist die Ladefläche immerhin zwei Meter lang, das maximale Ladevolumen beträgt stattliche 2.600 Liter. Motorisiert war der Express stets mit dem B 20 A-Triebwerk, also dem kleinen Motor mit 82 PS. In der Schweiz belief sich der Basispreis 1971 auf 15.560,– Franken. Eine genaue Zahl der gebauten 145 Express gibt es nicht, sie wurden nicht eigens gelistet, es dürften aber knapp 15.000 gewesen sein.

Sogar einen Volvo 140 mit Dieselmotor gab es, allerdings nicht serienmäßig. Wer trotzdem vom „nagelnden" 140er träumte, konnte von Malte Månson im schwedischen Linköping bedient werden. Sein in den zwanziger Jahren gegründeter Betrieb hatte sich rasch als mechanische Werkstatt für Autos und Motorräder etabliert, war bereits in den dreißiger Jahren um eine BP-Tankstelle erweitert worden und hatte 1964 die Generalvertretung für Perkins übernommen. Diese 1932 von Frank Perkins im englischen Petersborough gegründete Firma war vor allem für ihre Sportboot-Außenborder berühmt, baute aber auch Dieselmotoren für Personenwagen – wie den Perkins 4.108, einen Vierzylinder mit 108 cid. (ca. 1,8 l) Hubraum, der 52 bhp-PS bei 4.000 U/min leistete; sein maximales Drehmoment von 10,8 mkg fiel

Auch im Schnee waren Volvos der Baureihe 140 Dank ihrer 15-Zoll-großen Räder in ihrem Element. Hier ein früher 145 mit den vier Seitenfenstern, von denen das hintere ausstellbar war

bei 2.000 U/min an. In Schweden fand der Perkins 4.108 dank Malte Månson seinen Weg in Ford Taunus, Moskwitsch und Volvo; allein 100 bis 150 Buckel, Duett, Amazon und 140er sollen umgebaut worden sein. Sogar für den schwedischen Hersteller selbst wurde Malte Månson aktiv und bestückte zehn Volvo 144 – in Taxi-Ausführung angeliefert und für die Kanarischen Inseln bestimmt – mit dem Perkins-Dieselmotor. Die ausgebauten B 20-Aggregate nahm Volvo zurück. Privatkunden, die sich für die Diesel-Option entschieden, hatten weniger Glück: Sie mussten ihre ausgebauten Benziner selbst veräußern (was auf Wunsch Malte Månson übernahm). Auch in England soll es zu einem direkten

Schwenkarm: Der 145 Express taugte auch als Mini-Schulbus. Die zusätzliche hintere Sitzbank gab es im Zubehörkatalog

Trotz dieser ungewöhnlichen Dachlast gehörten Elefanten nicht zu den generell erlaubten Beiladungen eines Volvo 140

Kontakt zwischen dem schwedischen und dem englischen Hersteller gekommen sein: 1972 wurde einem 144 (wahrscheinlich im Auftrag des englischen Volvo-Importeurs) ein Perkins-Diesel einverleibt. Ein langjähriger Perkins-Mitarbeiter erinnert sich lebhaft an diesen lauten, weil auf maximale Leistung getrimmten Motor – der bei Volvo deshalb erwartungsgemäß auf wenig Gegenliebe stieß. Zu der von Perkins erhofften Kleinserie kam es jedenfalls nicht.

In Deutschland wird im Herbst 1969 ein aufgewertetes Sondermodell lanciert, der ausschließlich metallicblau lieferbare 144 GL (die Abkürzung steht für „Grand Luxe") mit Stahlkurbeldach, Nebelscheinwerfern, Zeituhr, Ledersitzen und Holzimitat. Wichtig ist noch die in diesem Jahr eingeführte Zwangsentlüftung des Innenraums, deutlich erkennbar an den Schlitzen unter der Heckscheibe.

Im August 1970 kommt es zu ersten offensichtlichen Änderungen. Eine neue Frontpartie mit schwarzem Grill und senkrechten Stäben (statt blankem Aluminium mit waagrechten) sorgt für neue Akzente, dazu verleiht die markante „Volvo-Diagonale" am Kühlergrill dem Auto Markenidentität; die Scheinwerferumrahmungen sind jetzt separiert. Heute streiten sich die Fans, welche „Schnauze" die schönere ist: Der blanke Grill wird gerne statt des schwarzen montiert, obwohl dieser doch mehr Volvo-like ist – schließlich ähnelt er dem des allerersten Volvo von 1927 und findet sich in ähnlicher Form bis heute bei sämtlichen Volvo-Modellen. Deshalb ist ein 140 mit schwarzem Grill auch von Nicht-Experten sofort als Volvo zu erkennen. Ebenfalls neu sind 5-Zoll-Stahlräder (statt 4,5 Zoll), die Radkappen sind kleiner und aufgeschraubt.

Das Wichtigste im Spätsommer 1970 (Modelljahr 1971) ist jedoch die Einführung des B 20 E-Einspritzmotors, der 1969 im Coupé 1800 E sein Debüt

Komplett verglast wirkte der Express kaum mehr wie ein Lastesel

Platz ohne Ende im Volvo 145

Mit dem Modelljahrgang 1971 halten ein geänderter Kühlergrill und neue 5-Zoll-Räder Einzug

erlebte. Seine Leistung beträgt 124 PS bei 6.000 U/min und macht aus dem 144 GL (bei uns nur als Viertürer und in Metallicblau zu haben, auf anderen Märkten – etwa in den USA – dagegen auch als 142 GL in Metallic-gold) ein echtes 170 km/h-Auto; sein Durchschnittsverbrauch wird mit 15 Liter Superbenzin auf 100 Kilometer angeben. Eine Servolenkung gibt es nach wie vor nicht, dafür ist die Heckscheibe inzwischen bei allen Model-

Viel Platz und beste Zugänglichkeit aller Aggregate im Motorraum dieses Volvo 144 de Luxe

In Mitteleuropa heute seltener als Buckel oder Amazon: ein Volvo 140 mit deutschem „H"-Kennzeichen – hier ein 71er-Modell

len heizbar; bei den ersten 140er wurde die Heckscheibe stattdessen von innen mittels eines im Kardantunnel nach hinten geführten Kanals mit Warmluft versorgt. Weitere Errungenschaften für sämtliche Vertreter der 140-Baureihe sind der vergrößerte Kühler sowie eine Verlängerung des Radstandes um 2 Zentimeter auf 2,62 Meter – was die Spurhaltung verbessern soll. Gleichzeitig bekommt der Kombi einteilige hintere Seitenfenster und der Zweivergasermotor neue Vergaser. In Deutschland kostet der 144 GL Anfang 1971 teure 16.900,– Mark, wobei der einfache 144 de Luxe für 13.950,– (als S mit 100 PS)

Power to the People: Verchromte Felgenzierringe und verchromte Hutmuttern statt Radkappen waren die Erkennungszeichen der potenten, von Einspritzmotoren befeuerten 140 GL ab Modelljahr 1971

Volvo 140 bis 260   23

Selbst 140er der Modelljahre 73/74 sind inzwischen „H-Nr.-fähig": Dieser 144 E von 1973 befindet sich seit über 20 Jahren in den Händen seines stolzen Besitzers

oder 13.375,– Mark (82 PS) zu haben ist; für die Zweitürer betragen die Preise 12.500,– bzw. 13.150,– Mark. Ein Mercedes-Benz 200 (95 PS) ist zum gleichen Zeitpunkt für 13.375,– Mark zu haben, ein 230er (120 PS) verlangt jedoch schon 15.380,– Mark. „Die Zeit" prüft einen 144 GL, diesen „Panzerwagen aus dem Norden" – kann in ihrem Bericht vom 21. Juli 1971 aber „Keine Delle im Blech" ausmachen. Der hohe Preis wird jedenfalls nicht moniert, höchstens die zu weit nach hinten geneigten Kopfstützen. Dafür kommen Straßen- und Kurvenlage gut, die Bremsen wie die Verarbeitung sogar sehr gut weg. Ein Jahr später, im August 1971, kommt es zu ersten augenfälligen Veränderungen im Innenraum. Ohne Not gibt es ein anderes Lenkrad (optisch dasselbe wie im Amazon von 1968), dazu – Geschmacksache – ein Armaturenbrett im Edelholz-Look; auch der lange Schalthebel gehört nun der Vergangenheit an. Eingelassene, „moderne" Türgriffe (hatte hier die Wilhelm Karmann GmbH ihre Hände im Spiel? Entsprechende Fotos legen dies nahe...) sowie einige Veränderungen am Motor sind weitere Details der 1972er Modelle.

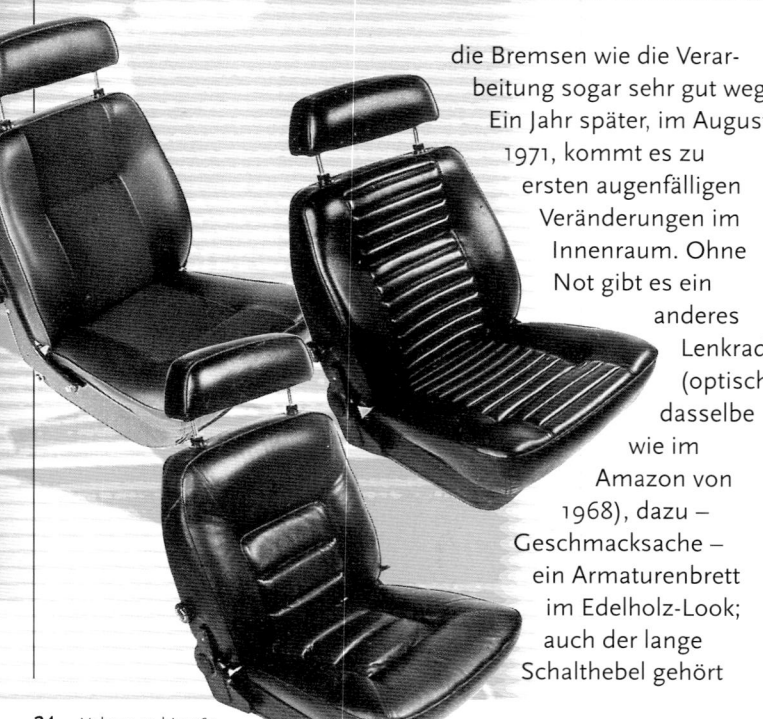

Die 73er-Modelle haben schließlich andere Stoßstangen, abermals einen anderen Grill (jetzt aus Kunststoff, aber nach wie vor mit „Volvo-Diagonale") und klobigere Rücklichter; der gute alte Bandtacho wird verabschiedet. Den Sicherheitsanspruch unterstreicht jetzt ein neues Armaturenbrett (das im Prinzip bis 1980 erhalten bleibt), das Lenkrad erhält einen großen Pralltopf, das Radio wandert in die Mittelkonsole, dafür muss der Sicherungskasten links in den Fahrerfußraum weichen; auch die Platzierung der Bedienungselemente wird ergonomischer. Besonders wichtig in diesem Jahr: Die 140er bekommen einen Seitenaufprallschutz – lange bevor sich andere Hersteller zu diesem Schritt entschließen. Die Kindersicherungen an den hinteren Türen waren allerdings längst überfällig. Außerdem feiert die Warnlampe, die Gurtmuffel aufschreckt, Premiere. Bei den Motoren tut sich abermals nicht viel. Der B 20 F-Motor (115 PS) ergänzt das Angebot (was damals günstiger für die Versicherungseinstufung war). Außerdem konnte Normal- statt Superbenzin getankt werden.

Mattschwarzes Kunststoffgrill, klobige Blinker und die hochgesetzte Kennzeichenhalterung „outen" diesen 145 als 73er-Modell...

...ebenso wie diesen 145 Express mit original Dachgepäckträger aus dem Volvo-Zubehörkatalog

Im letzten Jahr seiner Laufzeit (August 1973 bis Juni 1974) erhält die 140er-Serie nochmals dickere Stoßstangen, die im Vorgriff auf amerikanische Sicherheitsbestimmungen Kollisionen bis 5 km/h anstandslos verkraften. Aufgrund der dicken Stoßstangen ist ein 140 jetzt 4,78 Meter lang. Außerdem werden Seitenträger und Heck verstärkt und der Tank (jetzt 60 Liter) weiter nach vorne gelegt, was Änderungen am Auspuffstrang mit sich bringt. Die Sicherheitslenkung erhält zusätzlich ein Rohr, das bei einem Aufprall Energie absorbieren soll, die Kupplung ist verbessert, der Schaltknüppel neu

Volvo 144 – Das erste Auto mit Anti-Blockier-System (ABS)

Zugegeben, die Überschrift ist mutig, aber mit etwas gutem Willen durchaus zutreffend: 1973 hatte der Frankfurter Bremsenhersteller Teves (der heute zu Continental gehört) ein erstes ABS-System fertig entwickelt, das in immerhin 36 Autos für die schwedische Polizei eingebaut wurde. Der Versuchsträger war ein 144, die Flotte bestand aber auch aus 244-Fahrzeugen, erinnert sich Dieter Kircher, damals Versuchsleiter bei Teves. Über fünf Millionen Kilometer wurden zurückgelegt, der letzte ABS-Wagen erst 1984 ausgemustert. Gemeinhin gilt die Mercedes-Benz S-Klasse als das erste Serien-Fahrzeug mit ABS (von Bosch), das war fünf Jahre später, 1978. Aber 36 Autos, die höchstoffiziell im Dienst waren – das ist doch schon fast eine Kleinserie...

ABS verhindert ein Blockieren der Räder beim starken Bremsen und ist die vielleicht wichtigste Erfindung in Sachen Fahrsicherheit der vergangenen Jahrzehnte. Dass ein Blockierverhinderer – erst recht in Kurven – ein Segen für alle Autofahrer wäre, wussten die Ingenieure schon lange. Die Anfänge der Entwicklung reichen bis in die dreißiger Jahre zurück: Fritz Oswald, der einige Grundlagen des modernen ABS untersuchte, diplomiert

gelagert, und der Bremskraftverstärker erhöht den Pedaldruck um das Vierfache (bisher um das Dreifache, der GL hatte schon im 73er-Modell diesen Verstärker). Auch die kleinen Ausstellfenster in den vorderen Türen verschwinden, größere Außenspiegel sorgen für mehr „Rücksicht" und Fahrer der GL-Version werden durch eine Sitzheizung gewärmt. H4-Hauptscheinwerfer halten bei allen Modellen Einzug in die Serie, und die Rücksitzbank wird mit einem Sicherheitshaken am Gelenkwellentunnel befestigt, um einem Herausreißen aus der Verankerung bei einem schweren Unfall vor-

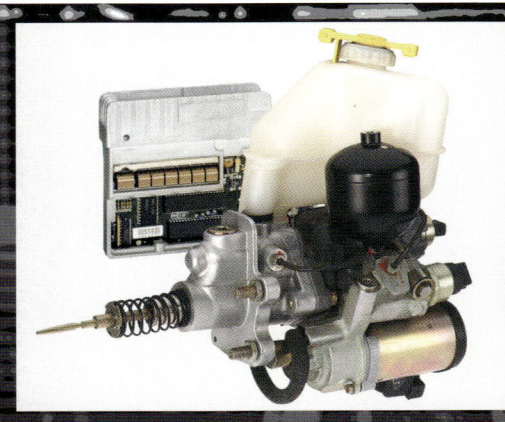

1940 mit einer Arbeit zum Thema, Bosch meldet 1936 ein Patent zum „Verhüten des Festbremsens" an, und Dunlpo führt 1952 ein „Maxaret" genanntes Anti-Skid-System für Flugzeuge beim Landen ein; 1954 bekommen Züge eine Art ABS. In den sechziger Jahren glänzt der Sportwagen Jensen FF mit dem Maxaret-System, das mechanisch auf das mittlere Differenzial wirkt, Bosch verfeinert die „Flugzeug-Bremse" im Jensen mit Elektronik-Bauteilen. ABS-ähnliche Systeme gab es auch im Nissan President, im Buick Riviera (beide 1970) sowie im Chrysler Imperial ein Jahr später. Aber die Volvos hatten ein ABS, das im Prinzip dem heutigen entspricht. Alle vier Räder wurden geregelt, Sensoren tasteten permanent die Raddrehzahl ab, wenn ein oder mehrere Räder blockierten, wurde der Bremsdruck herausgenommen, unabhängig vom Zutun des Fahrers (der seinen Fuß auf der Bremse lassen muss) – und das Rad dreht sich wieder, das Fahrzeug bleibt lenkbar.

Teves hatte 1965 begonnen, intensiv an der Entwicklung von ABS zu arbeiten, Ziel war die Serienreife. Volvo engagierte sich wenig später und arbeitete mit den Frankfurtern zusammen, zu diesem Zeitraum als einziger Hersteller. Alle 36 Brems-Systeme, die in die Volvos eingebaut wurden, waren unter Laborbedingungen einzeln hergestellt, das ABS war vollelektronisch, allerdings mit analoger Schaltungs-Technik. Zulieferer für die Elektronik-Baugruppe war SEL. Die gesamte Zusatz-Technik wog sicher 20 Kilogramm, das Steuergerät in Größe eine Aktenkoffers wanderte unter den Beifahrersitz – nicht unbedingt deshalb, weil im Motorraum kein Platz gewesen wäre, sondern wegen der Hitze.

Das System war serienreif, heißt es heute bei Teves, allerdings hatte man damals noch nicht an Produktionsmitteln für eine Massenfertigung gearbeitet. Und hätte es die Ölkrise nicht gegeben, wäre Volvo vielleicht tatsächlich der erste Hersteller mit ABS auf dem Markt gewesen. Aber plötzlich richteten sich sämtlich Bemühungen in den Entwicklungsabteilungen auf die Motoren und aufs Benzinsparen, ABS geriet ins Hintertreffen. Zudem wäre es für einen Mittelklassewagen noch nicht zu bezahlen gewesen. 4.000,– Mark Aufpreis hätte man mindestens verlangen müssen, schätzt Hans Bleckmann, damals einer der beteiligten Teves-Ingenieure. Das wäre beim Endkunden nicht durchsetzbar gewesen. Der 144 E de Luxe mit 115 PS stand 1973 mit 16.165,– Mark in der Preisliste, eine Klimaanlage kostete 2.600,– Mark Aufpreis, eine Standheizung 1.780,– Mark. Diese teuren Extras wurden ohnehin nur von einer Minderheit der Kunden geordert, ABS wäre zum Scheitern verurteilt gewesen. Heute ist es Standard: Seit Juli 2004 haben sich alle Hersteller verpflichtet, in der EU nur noch neue Personenwagen mit ABS zu verkaufen.

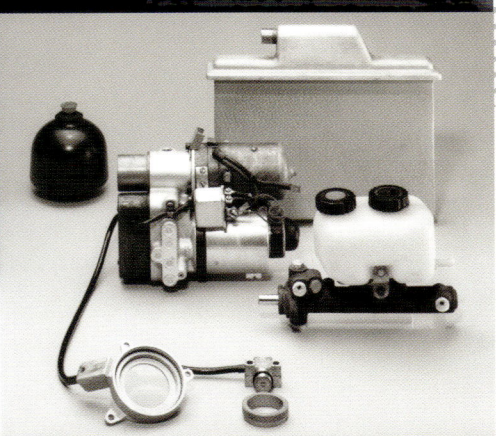

Schlichtere Kühlergrills und die „alten" 4,5-Zoll-Räder waren stets Erkennungszeichen der einfacher ausgestatteten Standard-Modelle der 140-Baureihe, wie bei diesem 145 von 1974

Nicht der hübscheste, aber der ausgereifteste, sicherste und komfortabelste 140er: Der 144 von 1974 mit den voluminösen stoßverzehrenden Stoßstangen

zubeugen. Kaum zu glauben, dass solche tief greifenden Änderungen noch kurz vor Toresschluss unternommen wurden! Verständlich wird dieses Vorgehen der Produktplaner erst, wenn man den Nachfolger, den 240, nicht als Zäsur, sondern als nächsten Schritt einer Entwicklungslinie begreift. Insgesamt entstanden 1.246.098 Volvos der Baureihe 140, von denen 519.466 Exemplare auf den 144, 458.306 auf den 142 und 268.326 Exemplare auf den 145 (Express eingeschlossen) entfielen. Damit waren 22,2 Prozent aller 140er Kombis, übrigens auch der einmillionste 140, der im Mai 1973 von den Bändern lief, der UN geschenkt wurde und nach Kenia kam.

Der Volvo 164

Aber es durfte ruhig ein bisschen mehr sein – nicht in Sachen Stückzahlen, wohl aber in Sachen Luxus und Prestige, Leistung, Laufruhe und Komfort. Die Rede ist natürlich vom 164, Volvos neuem Flaggschiff und erstem Sechszylinder-Personenwagen nach fast zehn Jahren Pause, der ab Herbst 1968 erhältlich war. Streng genommen handelte es sich dabei nur um einen aufgewerteten 144, der im Gegensatz zu den späteren Sechszylinder-Varianten des 240 aber stets als eigenständiges Modell wahrgenommen wurde. Dies begründet sich nicht nur im großen Motor, sondern auch in seinem Auftritt.

Taxiversionen von Volvo 144 und 164 hatten es in Deutschland sehr schwer gegen die etablierte Konkurrenz aus Untertürkheim. Der abgebildete 164 (links) hat sein „Autoleben" längst auf Europas größtem Schrottplatz in Norderstedt ausgehaucht, während der 144 von 1972 (oben) heute von einem Volvo-Liebhaber gehegt und gepflegt wird

Erfolgreiche Mischung aus Souveränität, konservativer Eleganz und Potenz: der Volvo 164 von 1972

Obwohl das Heck, die Karosserie und der Innenraum im Vergleich zum 140 nahezu unverändert blieben, macht die repräsentativere Front mit einem bis in die Stoßstange hereinreichenden Kühler (mit Volvo-Diagonale) und mit markanteren Rundscheinwerfern nebst zwei runden vorgetäuschten Lufteinlässen aus dem 164 ein anderes Auto. Vom dem zweiten Modelljahr an saßen dort die Zusatzscheinwerfer – ein frühes Vieraugen-Gesicht. Irgendwie erinnert dieser Kühler an einen Rolls-Royce, oder zumindest an einen Rover – damals beides kein Nachteil.

Volvo hatte schon Mitte der fünfziger Jahre über ein Toppmodell mit mehr als vier Zylindern nachgedacht, ursprünglich war sogar ein Achtzylinder geplant. 1960 stoppten die Volvo-Oberen jedoch das Projekt P 358 – weil sie glaubten, der Markt für große Autos sei rückläufig. Dennoch hatte Volvo bei der Entwicklung des 140 stets eine Motorvariante mit sechs Zylindern im Blick, eine kluge Entscheidung, da sich so kostengünstig die Tür zum noblen Sechszylinder-Markt öffnete: Damals versprach ein Sechszylinder ähnlich viel Prestige wie heute ein Achtzylinder – was

Auch dieser Volvo 164 von 1972 hat eine Metallic-Lackierung – so wie die überwiegende Zahl aller produzierter Volvo 164

30 Volvo 140 bis 260

Volvo hoffen ließ, mit dem 164 „Aufsteiger" vom 144 in den eigenen Reihen zu halten und ein bisschen in den Teichen von Mercedes-Benz oder BMW zu fischen.

Um Platz für den 3,0-Liter-Reihen-Sechszylinder zu schaffen, war der Radstand um zehn Zentimeter auf 2,70 Meter verlängert worden. Die Zusatzzentimeter gehen nahezu vollständig in den Motorraum, die Gesamtlänge der Karosserie wuchs nur um acht Zentimeter auf 4,72 Meter. Der Motor bot keine Überraschungen. Hier kam der bewährte B 18/20-Vierzylinder zum Einsatz, dem die Volvo-Ingenieure zwei zusätzliche Zylinder verpasst hatten – und der als B 30 A-Motor mit einer untenliegenden Nockenwelle operiert, über zwei Zenith-Stromberg-Vergaser verfügte und 130 PS bei 5.000 U/min leistete; sein maximales Drehmoment betrug 210 Nm bei 2.500 U/min. Drei Jahre nach der Einführung des 164 erschien der 164 E mit elektronischer Einspritzung von Bosch und 160 PS (soviel wie im Mercedes-Benz 280 SE); neben diesem B 30 E-Triebwerk gab es für den US-Markt eine schlappere B 30 F-

Die junge Dame muß in diesem frühen 164 noch auf Kopfstützen verzichten

Selbst bei seinem Debut 1968 nicht auf der Höhe der Zeit: sechziger Jahre Design im Cockpit eines frühen Volvo 164

Sogar in Asien waren Volvos „Dickschiffe" vom Typ 164 beliebt, wenngleich auch nicht an jeder Straßenecke zu sehen

Variante mit 145 PS. Natürlich war der 164 von Beginn an besser ausgestattet als die 140er-Modelle, es gab ab dem zweiten Jahr Ledersitze und später als Option sogar eine Klimaanlage. Eine Servolenkung, die im 140 von manchem sehr vermisst wurde, war zunächst Sonderausstattung und nach zwei Jahren serienmäßig. Mit dem 160 PS-Motor ist der 164 E auch heute noch ein schnelles Autobahn-Auto. Das englische Magazin „Autocar" nannte den 164 E im September 1973 „würdig, dabei schnell" (stately, yet fast), und „auto motor und sport" ermittelte im Frühjahr 1972 für die Version mit automatischem Getriebe eine Spitzengeschwindigkeit von 185,5 km/h – und lobte die Automatik in den höchsten Tönen: „Nur selten findet man eine Getriebeautomatik, bei der die Schaltpunkte so perfekt liegen und die so spontan und fast verzögerungsfrei auf Kickdown reagiert." Dass der Wagen – skål! – im Schnitt 20,0 Liter Superbenzin auf 100 Kilometer verbrauchte, wird kurz vor der Ölkrise noch einfach hingenommen. Mit Schaltge-

Volvo 164 der verschiedensten Baujahre auf einem Volvo-Treffen in den Niederlanden

Filigranes Lenkrad eines Volvo 164 der ersten beiden Modelljahre

Sechszylinder-Kraftpaket B 30 E mit Bosch D-Jetronic im 164 E-Motorraum

„Bitte einsteigen und Türen schließen": einladender Volvo 164 von 1973/74

Offensichtlich ist die Beifahrerin begeistert über das serienmäßige (auf Wusch elektrisch betätigte) Stahlkurbeldach in diesem Volvo 164 von 1973

triebe waren es übrigens nur 18,8 Liter. Ein 164 E kostete 1972 mit Automatik und Schiebedach 22.200,– Mark (mit Schaltgetriebe 1.000,– weniger), der schon erwähnte Mercedes-Benz 280 SE war ohne Automatik, ohne Lederausstattung und ohne Schiebedach zum damaligen Zeitpunkt 22.478,– Mark teuer, ein 165 PS starker Fiat 130-3,2 schlug mit knapp zwanzig Tausendern zu Buche. Außer durch den Motor und die Ausstattung unterschied sich der 164 E vom Vergaser-164er unter anderem durch innenbelüftete Scheibenbremsen vorne, eine andere Auspuffanlage und mehr Chrom am Heck. Im Herbst 1972 wird die Frontpartie geändert, weil die größeren Stoßstangen für den amerikanischen Markt unterzubringen sind. Fortan ist der vordere Stoßfänger durchgehend gerade und nicht in der Mitte unter dem Kühler gerundet. 1974 wird die Vergaser-Version vom deutschen Markt genommen, gleichzeitig wird das Armaturenbrett endgültig wie in der 140er-Reihe modernisiert. Die Stoßstangen werden noch wuchtiger, und auch im 164 verschwinden die kleinen Ausstellfenster. Zudem wird der besonders gut ausgestattet 164 TE (Top Executive) vorgestellt, der unter anderem mit Leselampen im Fond, Klimaanlage, Scheinwerfer-Wascher, Stereo-Radio mit „Tonbandgerät" (Prospektbezeichnung) und mit einer elektrisch ein- und ausfahrbaren Antenne lockt.

Auch für Töchter aus gutem Hause: Volvo 164, Modelljahr 1972

Volvo 140 bis 260

Obwohl zeitgleich mit der neuen 2er-Reihe ein 264 eingeführt wird, bleibt der 164 bis Sommer 1975 im Programm, hauptsächlich für die nordamerikanischen und japanischen Märkte. Der letzte Jahrgang hat die gleichen Rückleuchten wie der 264 und bietet neue Sitze mit Kopfstützen, dazu kommen optional elektrische Fensterheber vorn. Der Handbremshebel findet zwischen den Vordersitzen Platz, und die Räder sind mit einer geringeren Einpresstiefe als bisher in der Baureihe üblich eine Besonderheit. In Westeuropa verschwindet der 164 zum Januar 1975 vom Markt, in Amerika verkauft er sich aber noch blendend: Bis Herbst 1975 werden im letzten Produktionsjahr weltweit fast 20.600 große Volvos verkauft, insgesamt fertigt der schwedische Hersteller 153.179 Exemplare des 164. Besonders beliebt war er in den USA und natürlich auch in Schweden, wo er zum meistverkauften Sechszylinderauto avancierte. In England, der Schweiz und in Holland liefen sogar einige Exemplare als Polizeifahrzeuge, während die schwedische Polizei aus Kostengründen ausschließlich auf den 144 setzte.

Auch als Oldtimer hat der 164 einen höheren Prestigewert als die 140er, er ist zudem viel seltener: Auf sieben 140er kamen ein 164. Das aktuelle Verhältnis hat sich in Deutschland gewandelt, von den gut 500 in der Zulassungsstatistik noch erfassten Autos der Baureihe sind etwas mehr als 100 Sechszylinder.

Mit dem 164 ist es Volvo gelungen, sich fest im prestigeträchtigen Sechszylinder-Markt zu verankern. Es gab nie eine Diskussion, dass die neue Baureihe 240er-Baureihe keinen großen Motor mehr haben sollte. Im Gegenteil: Ursprünglich hatte man sogar an einen Achtzylinder gedacht.

Macht überall eine gute Figur: 164 E von 1974 in der Steilkurve der neuen Volvo-Teststrecke in Hällered

Äußerer Gestaltungswille

Prototypen

Seit 1927 baut die AB VOLVO Autos, wie Henning Mankells Kommissar Wallander seine Fälle löst: bedächtig, gewissenhaft und durchdacht. Schnellschüsse gibt es nicht, dafür wird auf Kontinuität gesetzt – eine Firmenpolitik, die in der Vergangenheit bestens funktionierte. So würde der schwedische Hersteller niemals ein ausgereiftes Modell nur aus optischen, „modischen" Gründen ablösen – der P 140, der den Amazon (bewährt, beliebt, bildhübsch) langfristig ablösen sollte, müsste also mehr zu bieten haben als ein moderneres Outfit.

Die Arbeiten am neuen Modell begannen im Juni 1960, was zu seiner internen Projekt-Nummer 660 führte. Im Lastenheft waren die wesentlichen Eckpunkte festgeschrieben: Der Neuling sollte bei unverändertem Radstand von 2.600 mm mehr Platz bieten als sein Vorgänger, über größere Fensterflächen verfügen, wieder als Zwei- und Viertürer sowie als fünftüriger Kombi lieferbar sein und technisch auf dem Amazon basieren. Außerdem, ganz wichtig, rückten Aspekte aktiver wie passiver Sicherheit weiter in den Vordergrund – die Spitzenposition von Volvo auf diesem Gebiet sollte verteidigt werden. Schließlich musste ein Sechszylinder unter seiner Motorhaube Platz finden und der Neuling sich problemlos in ausländischen Volvo-Montagewerken fertigen lassen. Für die Konstrukteure und Techniker keine unlösbare, für die Designer dagegen eine zumindest knifflige Aufgabe.

Volvos jugendlicher Chefdesigner Jan Wilsgaard und sein Team (allen voran Vic Hammond, ein ehemaliger Standard-Triumph-Mann) schufen einen Entwurf, der diesen Vorgaben entsprach – aber nicht

Schon seriennah, trotz futuristischen Kühlergrills: Der Volvo 140 nimmt Gestalt an

Der Startschuss zum P 140 fiel im Juni 1960...

Abgeblitzt: Pietro Frua und seine Entwürfe

Fast fertig: 140-Modell, bereits mit „richtigem" Kühlergrill

Zwischenschritt: Selbst kleine Heckflossen waren im Gespräch

Men at Work: Das Designteam arbeitet am Plastilin-Modell

Chefsache: Jan Wilsgaard (auf dem Beifahrersitz) und Volvo-Mitbegründer Gustaf Larson neben ihm (der damals noch als Berater tätig war)

einmal seine Schöpfer selbst überzeugte. Da vor bald einem halben Jahrhundert aber Design (und damit der Designer) längst nicht den heutigen Stellenwert besaß, wandte sich Jan Wilsgaard an seinen Technik-Kollegen Tor Lidman – mit der Bitte, sich beim Vorstand für ein zweites Tonmodell im Maßstab 1:1 stark zu machen. Lidman kam diesem Wunsch erfolgreich nach: Wilsgaard und sein Team durften einen zweiten Vorschlag realisieren, der sich weniger streng an die Vorgaben hielt; lediglich der Radstand entsprach den Anforderungen des Lastenhefts.

Im Dezember 1961 begutachteten Volvo-Boss Gunnar Engellau und seine Direktoren beide Arbeiten – und wünschten sich einen dritten Entwurf, der auf dem zweiten, „freien" basieren, aber den ursprünglichen Vorgaben exakter Rechnung tragen sollte. Also schufen die Designer innerhalb weniger Wochen ein drittes 1:1-Modell, das vom Volvo-Vorstand beinahe augenblicklich grünes Licht erhielt! Laut Volvo-Chronist Karl Ludvigsen war Jan Wilsgaard nicht wohl dabei: „Ich erschrak, als sie sich so schnell entschieden – weil der Entwurf so schlicht, so schnörkellos war, dass er über die Jahre möglicherweise seine Spannung verlieren könnte". Diese Zweifel, wir wissen es längst, erwiesen sich als unbegründet: Die Grundzüge des 140-Design finden sich noch im allerletzten 240, der erst 1993 aus dem Volvo-Programm gestrichen wurde. Kompliment!

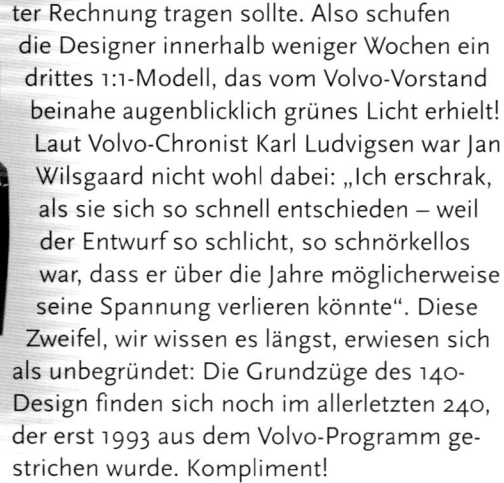

36 Volvo 140 bis 260

Leider nur ein Prototyp im Volvo-Museum: Volvo „162 C", der als 262 C auf den Markt kam

Licht...

...und Schatten: Stilistische Spielereien an 140 und 164

Gingen nicht in Serie: die Fastback-Versionen von 240 und 260

Übrigens hatte die AB VOLVO, ein damals wie heute übliches Verfahren, die italienischen Karosseriekünstler Ghia und Frua um Anregungen gebeten. Von Ghias Bemühungen um das neue Volvo-Modell ist nichts überliefert, von Pietro Frua schon: Der große Einzelgänger der Branche mit eigenem Atelier in Turin (wo 1957/58 die drei P 1800-Prototypen entstanden) skizzierte 1962 unter den Kommissions-Nummern 593 bis 598 mehrere Volvo-Limousine; besonders interessant ist Vorschlag 597a, der einen Viertürer mit drei Seitenfenstern zeigt – ein Merkmal des späteren Volvo 144. Die entscheidenden Impulse hierzu kamen allerdings nicht von Pietro Frua, wie gleich zu sehen sein wird...

Zwei Jahre nach Präsentation der 140-Baureihe hieß es bereits wieder Vorhang auf für ein neues Volvo-Modell: Im August 1968 debütierte der anspruchsvolle 164, der sich optisch durch Detailretuschen, die längere Motorhaube und vor allem durch eine markant-pompöse Front vom vierzylindrigen 140er unterschied. Die Wurzeln des neuen, ungleich vornehmeren Auftritts sind schnell entdeckt: 1958 hatte der P 358 die Volvo-Gemüter bewegt, ein luxuriöses Automobil im XXL-Format, das über einen V8-Motor

Studienhalber: Dan Werbin, Chef der Volvo-Produktplanung, am VSCC-Versuchswagen aus dem Jahr 1979

Inspiration für die Serie: VESC von 1972

Im Versuch: lackierte Stoßfänger und mattschwarzes Heckblech

sowie über vier oder sechs (!!) Seitenfenster verfügen sollte. Aber aus dem Projekt wurde nichts – bis auf die (minimal überarbeitete) Front und die sechs Seitenfenster.

Kontinuität, schon die Bezeichnung verrät es, wahrte auch der 1974 eingeführte 240. Die formalen Veränderungen gegenüber seinem direktem Vorgänger, dem 1974er Modell des 140, beschränkten sich auf Front und Heck, wo besonders die abermals kräftigeren Stoßstangen für Aufmerksamkeit sorgten. Auch hier fällt die Suche nach einem Vorbild leicht: Der 240 orientierte sich am Volvo Experimental Safety Car, abgekürzt VESC. Und traf damit den Nerv vieler potentieller Käufer: Sicherheit aus Schwedenstahl war gefragter denn je!

38 Volvo 140 bis 260

Der Million-Seller

Mit dem 240/260 wurde Volvo in Deutschland richtig bekannt

Der erste Vorbote der 1974 vorgestellten neuen 240er-Reihe erschien 1972. Damals wurde das „Volvo Experimental Safety Car" (VESC) zwar noch als reines Forschungsprojekt bezeichnet, doch ist es offensichtlich, dass dieser Prototyp einigen Einfluss auf den 240 hatte. Der VESC war seiner Zeit weit voraus, drei Jahre war an ihm gearbeitet worden. Vieles, was heute selbstverständlich ist, galt damals eine Sensation: Airbags für Fahrer, Beifahrer und die Fondpassagiere (in der Hutablage), energieabsorbierende Stoßstangen, die 18 Zentimeter nach vorne bzw. neun nach hinten ragten und Kollisionen bis zu 16 km/h wegsteckten, Seitenaufprallschutz und natürlich eine Sicherheitskarosserie, noch ausgefeilter als im 140 von 1966. So wurde im Falle eines schweren Unfalls die Kraftstoffzufuhr automatisch unterbrochen, bei einem Frontalzusammenstoß sollte sich der Motor unter den Passagierraum schieben, und die Gurte legten sich beim Einsteigen in den VESC von selbst an – alles Dinge, die inzwischen realisiert sind, mit Ausnahme der Airbags in der Hutablage, die bei einem Heckaufprall sicher nützlich wären. Darüber hinaus verfügte der VESC über eine Rückfahrkamera, die mittlerweile in manchen Luxus-Autos angeboten wird.

Aber war der VESC, der heute im Volvo-Museum in Göteborg seinen Ruheplatz gefunden hat, tatsächlich nur ein rollendes Labor, ein reines Experimental-Fahrzeug – wie Volvo versichert? Sicher nicht, entstanden doch mehrere Studien (in unterschiedlichen Karosserieformen und mit unterschiedlichen technischen Merkmalen) dieses Projekts mit dem internen Code 1560. Sergio Coggiola, der nahe Turin sein eigenes Karosseriestudio betrieb und eng mit Volvo verbandelt war, realisierte eine Reihe fahrfertiger Prototypen: Die AB VOLVO dachte durchaus an eine Serienfertigung – als Nachfolger des 140, wie Graham Robson in seiner „Volvo-Story" schreibt. Es wurde nichts daraus, weil das Aussehen der Autos gewöhnungsbedürftig und die Kosten für die Serienfertigung enorm geworden wären. Trotzdem hat VESC eine gewisse Ähnlichkeit mit dem späteren Typ 240, nimmt vor allem Züge seiner Frontpartie vorweg.

Chassis-Nummer 1, der Auftakt einer Erfolgsgeschichte. Der dunkelblaue Viertürer ist heute Teil der Volvo-Sammlung und steht in Göteborg

Als schließlich im August 1974 der 240 debütierte, ahnte niemand, dass diese Baureihe 19 Jahre im Programm bleiben wird. Eine sensationelle Bilanz, die nur wenige Automobile vorweisen oder übertreffen: VW Käfer etwa, die Ente, der Mini oder der Land Rover – der Volvo 240 gehört in einen erlauchten Kreis. Und er prägt noch heute das Volvo-Bild, das viele Menschen in ihren Köpfen haben. Fast jeder kann sich an den Container, wie die Schweden ihn spöttisch-liebevoll nennen, erinnern, der ebenso „praktisch, quadratisch, gut" wie sicher war und „intelligentes" Autofahren in den Mittelpunkt rückte. Dabei hat der 240 nie seine Wurzeln – die 140-Baureihe – verleugnet.

In Deutschland fand die Markteinführung des 240 im Oktober 1974 statt. Es gab zwar neue Motoren und einen neuen Vorderwagen, aber ab der A-Säule nach hinten blieb im Prinzip alles beim Alten. Das brachte vor allem auch in der Produktion Vorteile, es konnte sofort mit einer kompletten Fahrzeugpalette gestartet werden – also Zweitürer, Viertürer, Kombi und Sechszylinder-Modell, sprich 242, 244, 245 und 264. Damit kam Volvo von der Tradition ab, das alte Modell noch eine Weile weiter zu bauen.

Unter der Haube herrschte eine Drei-Klassen-Gesellschaft: Bei den Einsteigermodellen – im 242 L, in manchen Märkten aber auch im 244 und 245 – kamen die bekannten 2,0-Liter-Stoßstangenmotoren mit 82 PS zum Einsatz, moderner und leistungsfähiger waren die völlig neu konstruierten ohc-Triebwerke. Dabei handelte es sich um 2,1-Liter-Vierzylinder mit Vergaser oder Benzineinspritzung, die moderne Zeiten einläuteten: Per Zahnriemen angetriebene, obenliegende Nockenwelle, über Tassenstößel direkt betätigte, parallel hängende Ventile. Später wurden davon weitere Varianten mit 2,0 und 2,3 Liter Hubraum abgeleitet. Nach oben begrenzt wurde das Angebot durch einen V6-Motor mit außergewöhnlicher Vorgeschichte – für den der Vorbau nun nicht mehr (wie beim 164) geändert werden musste: Beide Triebwerke passten jetzt unter dieselbe Haube. Zur Unterscheidung hatten die 264-Modelle statt runde große, rechteckige Scheinwerfer und einen anderen Grill. Eigentlich hätte es mit den Motoren für diese Baureihe anders laufen sollen: Ende der sechziger Jahre gingen die schwedischen Ingenieure davon aus, einen neuen Vierzylinder- und dazu einen V8-Motor zu entwickeln, der aus einer Kombination zweier Vierzylinder-

Schweden und seine Autos: früher 244

Topmodell: 244 GL des ersten Baujahrs

Motoren, die im rechten Winkel zueinander angeordnet waren, bestehen sollte. Aber schnell wurde offensichtlich, dass ein Doppel-Vierer viel zu teuer und kompliziert werden würde, insbesondere in der Fertigung – das Projekt wurde gestoppt.

Stattdessen entschied sich Volvo zur Kooperation mit Peugeot und Renault, um zusammen einen V8-Motor für die jeweiligen Flaggschiffe zu bauen. Die „Societé Franco-Suedoise de Moteurs PRV" wurde gegründet, mit eigenem Werk im nordfranzösischen Douvrin. Vereinbart war ein 3,5-Liter-V8, doch dann kam die Energiekrise Ende des Jahres 1973. Plötzlich schien ein V8 viel zu groß, und so wurden – obwohl das Triebwerk fertig entwickelt war und einige Prototypen schon von den Bändern liefen – einfach zwei Zylinder weggelassen – wegrationalisiert, sozusagen. 2.664 cm³ Hubraum und ebenfalls neueste Technik (obenliegende Nockenwelle,

Herbst 1974: vom 140 zum 240

Noch nicht ganz serienmäßig: 244 mit der Chassis-Nummer 1

Erkennungsmerkmal Kühlergrill: 244 vom Modelljahr 1978

Zylinderköpfe und -blöcke aus Aluminium) sowie ein Gewicht von nur 155 Kilogramm klangen zwar attraktiv, allerdings betrug die Leistung „nur" 140 PS. Aus heutiger Sicht unvorstellbar: Es kommt ein neues Topmodell mit brandneuem Motor – und dieser leistet dann 20 PS weniger als das Vorgängermodell! In Zeiten des Maßhaltens (die Energiekrise 1973/74 wirkte noch nach) wurde dies aber in der Presse nicht sonderlich thematisiert. Neu war auch die Vorderradaufhängung: Es gab McPherson-Federbeine statt Schraubenfedern, außerdem wurde die Federung weicher ausgelegt, Volvo spendierte eine Zahnstangenlenkung, und der Radstand wuchs um zwei Zentimeter auf 2,64 Meter.

Volvo hat sich zu diesem Zeitpunkt, Mitte der siebziger Jahre, ein hervorragendes Sicherheitsimage erarbeitet – was nicht zuletzt ein Bericht in „auto motor und sport" vom Februar 1975 zeigt: Der 244 wird zum Aufmacher gemacht und gefragt: „Wie sicher können Autos sein?". Neben einem fünfseitigen Testbericht über den 244 DL werden zwei weitere Seiten veröffentlicht, die eine Antwort auf die Frage geben sollen, wie sicher der neue Volvo ist. Dazu gibt es Fakten, Fakten, Fakten: Bei einem Frontalzusammenstoß sollen 20 Prozent weniger Kräfte auf die Fahrgastzelle eines 240 einwirken als auf die eines 140 – der nach einem Aufprall auf eine Mauer mit 65 km/h achtzig Zentimeter kürzer wird, der 240 dagegen um einen glatten Meter knautscht (und damit Energie deutlich besser, also für die Insassen bekömmlicher, abbaut). In konkreten Zahlen ausgedrückt: Bei einem solchen Crash entstehen Belastungen für den Fahrer eines 240 von 530 bis 680 (nach dem damaligen Severity Index Brust), für den Beifahrer von 440 bis 560; beim 140 lagen diese Werte noch bei 770 bis 800 bzw. bei 650 bis 720. Die Verbesserung sei augenfällig, schreibt „ams", sagt aber ihren Lesern gleichzeitig, dass solche Werte, wie sie der neue Volvo erreiche, keinesfalls die Ausnahme darstellen. Dass der 244 besser knautschen kann, ist allerdings kein Wunder. Sein Vorbau ist wesentlich länger, dementsprechend wächst auch die Gesamtlänge auf stattliche 4,90 Meter. Im Vergleich mit dem

Lässt Raum selbst für ausgefallene Wünsche: der Volvo 245

„Ur-140" sind das zusätzliche 26 Zentimeter, verglichen mit dem letzten 140er-Modell sind es noch 12.

Die übrigen Sicherheits-Features, die der 244 aufbietet, sind weitgehend aus dem 140 bekannt (Dinge wie Seitenaufprallschutz und der besser platzierte Tank kamen freilich erst am Ende des 140-Lebenszyklus). Dass die Verankerungen der Sitze fast doppelt so viel aushalten wie in der gestrengen USA-Vorschrift gefordert, dass der Innenraum keinerlei scharfe Kanten aufweist und sich serienmäßigen Automatik-Sicherheitsgurte sogar im Fond finden, wird erwähnt. Der Schluss des „ams"-Artikels wird den Volvo-Verantwortlichen trotzdem nicht gefallen haben: „Die meisten dieser Zutaten gibt es freilich in vielen anderen Autos ebenfalls". Setzt der neue Volvo in Sachen Sicherheit also keine neuen Maßstäbe? Der Sicherheitsexperte einer großen deutschen Automobilfabrik formulierte kurz und bündig: „Was Volvo erreicht hat, entspricht dem allgemeinen Stand der Automobiltechnik".

Anderer Experten gedachten dem 240 sehr Wohl eine Alleinstellung zu. So wählte die amerikanische Verkehrssicherheitsbehörde NHTSA (National Highway Traffic Safety Administration) den 240 zwei Jahre nach seiner Vorstellung als Normfahrzeug für ihre

Nur 1975 vereint: US-Prospekt mit 164 E und neuer 240-Baureihe

Nicht wirklich schön, aber sicher und sachlich: 240-Armaturenträger der ersten Version

Sicherheitsforschung: Die NHTSA war der Meinung, dass der neue Volvo den besten Insassenschutz sämtlicher Fahrzeuge in dieser Klasse bot. Noch 1991, 17 Jahre nach der Premiere, bezeichnete das amerikanische Versicherungsinstitut IIHS (Insurance Institute for Highway Safety) in einer großen Studie den 240er als sicherstes Fahrzeug auf dem amerikanischen Markt.

Doch wie fährt der neue große Volvo? Der 244 DL wird im bereits angesprochenen „ams"-Bericht sehr gelobt, wobei manche Vorzüge schon vom Vorgänger her bekannt sind: Geräumige Karosserie mit zahlreichen Sicherheitsmerkmalen, großer Kofferraum, hohe Zuladung, reichhaltige Serienausstattung, wirksame, gut dosierbare Belüftung, sehr gute Verarbeitung. Als Nachteile werden genannt: Motor im oberen Drehzahlbereich zu laut, relativ hoher Verbrauch, Lenkung beim Rangieren schwergängig. Dem 2,1-Liter-Motor (Vergaser-Variante, 97 PS) wird eine gewisse charakterliche Ähnlichkeit mit seinem Vorgänger attestiert, doch habe die Laufkultur gegenüber den „rauen und unkultivierten" Stoßstangen-Vierzylindern doch

44 Volvo 140 bis 260

beträchtlich gewonnen. Als Höchstgeschwindigkeit werden knapp 160 km/h ermittelt, der Testverbrauch von 14,3 Liter auf 100 Kilometer – es darf Normalbenzin sein – ist nicht wirklich befriedigend. Abermals skål! Das Fahrverhalten sei mit der neuen Zahnstangen-Lenkung viel besser geworden, obwohl der Volvo noch immer nicht als handliches Auto bezeichnet werden kann. Der Federungskomfort sei aber gut und die Wintereigenschaften seien nach wie vor vorbildlich.

aus. Deutsches Normalbenzin musste damals mindestens 92 Oktan haben, das war gesetzlich vorgeschrieben – und hatte manchmal eben 93. Wenn der Motor nicht optimal eingestellt war, kam es somit schnell zum Klingeln, also fuhr mancher lieber gleich Superbenzin, auch die „Frankfurter Allgemeine Zeitung". Diese veröffentlicht im Februar 1975 ihren ersten großen Fahrbericht über den Volvo 244 GL und wählt die süffisante Überschrift „Leichte Fahrt in schwerer

König mit königlichem Gefährt: Schwedens Karl XVI. Gustav mit Volvo 264 TE

16.200,– Mark kostet ein 244 DL jetzt, das sind rund 400,– Mark mehr als ein Mercedes-Benz 200, der aber nicht so gut ausgestattet ist. Neben dem DL gab es zum Start in Deutschland noch den GL mit zusätzlichen Extras wie Lederlenkrad, beheiztem Fahrersitz, Schiebedach, Drehzahlmesser, getönten Scheiben und vor allem Lederpolsterung; eine Servolenkung war für beide Modelle aufpreispflichtig (800,– Mark). Mit Einspritzung (im GL) leistet der 2,1 Liter 123 PS und macht eine Spitze von gut 175 km/h möglich.

Die Zeitschrift „mot" ermittelte für den GL einen Durchschnittsverbrauch von 13,9 Litern, für den DL von 13,4 Liter auf 100 Kilometer. Auch der GL begnügte sich mit Normalbenzin, allerdings legte Volvo beide Motoren auf eine Oktanzahl von 93

Samt und Seide: Blick in den gediegenen 264 TE-Fond

VOLVO 264 TE

Deutsch-italienische Kooperation: Volvo 264 TE, montiert bei Carrozzeria Bertone

Nicht alle waren dunkelblau: cremefarbener 264 TE

tern ist der Volvo fast ein guter Bekannter, dem man vertraut und der keine Gewöhnung mehr verlangt". Doch das Design wird offenbar als Verkaufshindernis gesehen, der Artikel schließt mit einem Zitat des amerikanischen Designers Raymond Loewy: „Hässlichkeit verkauft sich nicht!"

Ein Jahr nach Einführung des 240, also 1975, übernimmt Volvo die letzten Anteile an der Pkw-Sparte der niederländischen Automarke DAF, folglich ist der Volvo 66 nun das Basismodell, nicht mehr der 242. Der Zukauf war dringend nötig, schließlich bestand Volvo ja nur noch aus der 240er-Reihe, nachdem der 1800 ES 1973 ausgelaufen war. Vor allem ließ sich damit vielleicht ein anderes Problem lösen: das der stets knappen Produktionskapazitäten...

Ebenfalls 1975 debütieren der 265 und der 262, dazu gibt es einen 264 TE, der in Zusammenarbeit mit Carrozzeria Bertone in Italien gefertigt wird und als reines Luxusfahrzeug fungiert. Sein Radstand (und damit seine Außenlänge) ist um 70 cm verlängert worden, der besonders luxuriöse Innenraum bietet im Fond Platz für zwei weitere Klappsitze, die an den Rückseiten der Vordersitze angebracht sind. Rund 350 Exemplare dieses noblen Automobils entstehen insgesamt bei Bertone, ein gutes Drittel davon geht in die damalige DDR. Honecker und Co fahren gerne Volvo oder Citroën, und Schweden als Lieferland (obwohl die Autos letztendlich aus Italien kamen) ist unverfänglicher als der übrige kapitalistische Westen. Basis für die verlängerten Modelle waren immer Zweitürer (weil die vorderen Türen länger waren), deren Karossen zu Bertone geschickt, dort auseinander geschnitten und mit vorgefertigten Blechteilen wieder zusammengeschweißt wurden. Weitere verlängerte 264er entstanden bei dem Karosserie-Spezialisten Nilsson im südschwedischen Laholm (siehe eigenes Kapitel).

Rüstung". Tester Frank Gotta zeigt sich im Übrigen ziemlich begeistert vom neuen Volvo, vor allem das ausgezeichnete Handling hat es ihm angetan. Kritikpunkte sind die klobige Karosserie, die ohne System verteilten Bedienungshebel, die weiche Federung, die fehlenden Nackenstützen im Fond und der hohe Verbrauch von 14,1 Liter Superbenzin. Sonst aber geht der Daumen hoch für die hohe passive wie aktive Sicherheit, für den große Kofferraum, den elastischen, drehfreudigen Motor, die Sicherheitsgurte hinten. Und wichtig: „Schon nach wenigen Kilome-

Deutlich volkstümlicher ist der 262, ein anderes Sechszylinder-Modell, das offiziell ausschließlich in den USA und Kanada verkauft

Letztendlich eine Frage des persönlichen Geschmacks, urteilte Schwedens Fachzeitschrift „Tekniska Värld" über den in drei Serien gebauten 262 C

Für viele ein bisschen zu viel: 262 C-Interieur mit üppigem Raffleder und Holzimitat in den Seitenverkleidungen

wird; tatsächlich aber finden einige „Rückläufer" auch in Schweden Kunden. Dieser Zweitürer, der bis zum heutigen Tag ziemlich im Verborgenen blüht, wurde als 262 GL geliefert – in einer kleinen Auflage von 2.674 Exemplaren, dann war, keine zwei Jahre nach seiner Einführung, schon wieder Schluss.

Wichtiger aber ist eine andere Meldung: Die AB VOLVO bietet einen geregelten Katalysator mit Lambda-Sonde für den amerikanischen Markt – als erster Hersteller überhaupt. Was dem schwedischen Hersteller nicht nur Anerkennung, Respekt und Popularität einbringt, sondern auch eine Menge

Damenwahl: 262 C, Serie 3

Schöner Rücken? 262 C der ersten Serie, gebaut bis Herbst 1978

Preise und Auszeichnungen... Ein Jahr später wird der alte 2,0-Liter-Motor, der B 20, der schon in der 120- und der 140-Baureihe seinen Dienst tat, endgültig aufs Altenteil geschickt. Der neue 2,1 Liter wird um 100 Kubikzentimeter verkleinert und leistet so 90 PS. In dieser Zeit experimentiert Volvo auch mit einem zweitürigen Schrägheckmodell – vielleicht, um dem Combi-Coupé von Saab, dem anderen schwedischen Autoproduzenten, Paroli zu bieten. Aber 243 und 263 – denn so hätten diese Dreitürer heißen müssen – schaffen nicht den Sprung in die Serie. Aus Deutschland erfolgt ein Schuss vor den Volvo-Bug: Motorjournalist Gert Hack urteilt nach einem 80.000-Kilometer-Dauertest mit dem 244 DL: „Verarbeitungsmängel sowie zahlreiche Störungen und Reparaturen trübten das Bild vom überdurchschnittlich zuverlässigen und langlebigen Volvo" („ams" vom 26. Juni 1976). Wenigstens die „Automobil Revue" aus der Schweiz, einem anderen anspruchsvollen Autoland, rühmte am 19. Juni 1975 die Langlebigkeit eines 264 DL – und seine gegenüber dem 244 DL verbesserte Laufruhe (was immer das heißen mochte).

1977 soll gefeiert werden: Die AB VOLVO erlebt im April ihr fünfzigjähriges Bestehen. Als sichtbarer Ausdruck dieses großen Ereignisses erscheint ein silberner 244 DL, reich verziert und mit speziellem Dekor

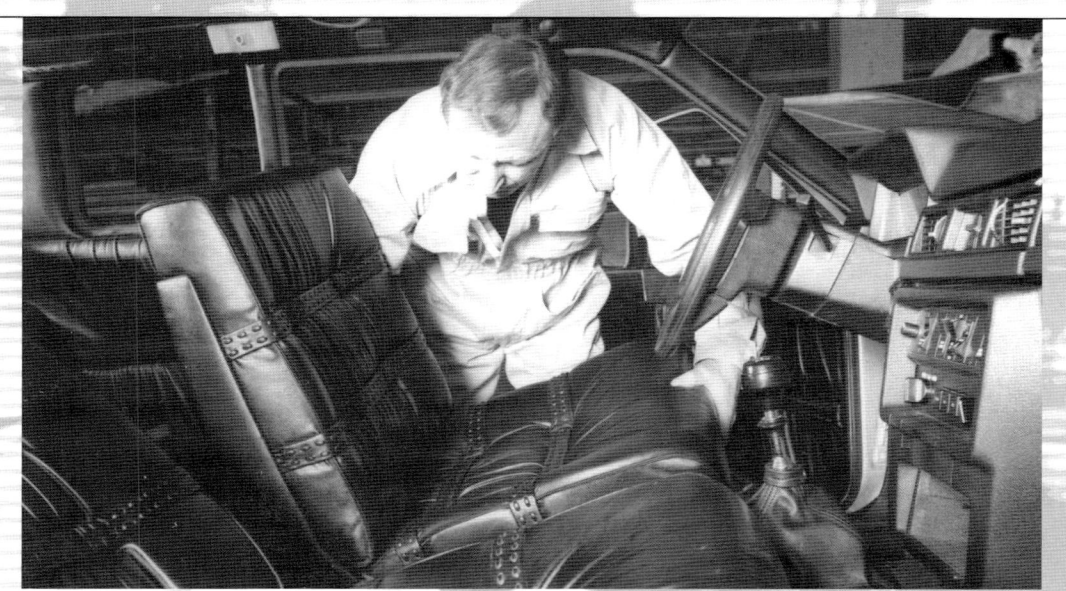

Bei Carrozzeria Bertone im italienischen Grugliasco/Turin

geschmückt: „Volvo 1927 bis 1977" prangt auf seinen Flanken und am Armaturenbrett.

Bereits vier Wochen früher, auf dem Genfer Automobilsalon im März, debütiert ein heiß diskutiertes Auto, der Volvo 262 C. Das von Bertone gezeichnete Coupé, bei dem es sich um einen 262 mit gestutztem Dach handelt, übernimmt sozusagen die Nachfolge des längst eingestellten 1800 ES, dem als wichtigem Imageträger vor allem die amerikanischen Händler noch immer nachtrauern. Die höheren amerikanischen Anforderungen an die Crash-Sicherheit machten dem Schneewittchensarg genannten ES letztlich den Garaus. Aber weil die Amerikaner solch ein Auto wollten, entschied Pehr Gustaf Gyllenhammar – der 1971 als 36jähriger seinen Schwiegervater Gunnar Engellau an der Spitze von Volvo abgelöst hatte – ein Nachfolgemodell zu entwickeln. Es durfte nur nicht viel kosten. Also fertigte Designer Wilsgaard Skizzen, die zu Coggiola nach Turin gehen – um dort in ein Gipsmodell umgesetzt zu werden. Wilsgaard reist daraufhin nach Italien, wirft einen Blick auf das Gipsmodell – und ist entsetzt. Aber Gyllenhammar will das Auto und bekommt es, trotz innerbetrieblicher Widerstände. Also wird ein gebrauchter 164 gekauft, zu Coggiola geschickt und dort zum ersten 262 C-Prototyp umgebaut (heute steht dieser 162 ebenfalls im Volvo-Museum). Und weil Volvo keine Fertigungskapazitäten frei hat, wird der Wagen in Italien gebaut – auf Sergio Coggiolas Vorschlag hin ebenfalls bei Carrozzeria Bertone in Turin, wo bereits der 264 TE entsteht. Dies bietet sich auch produktionstechnisch an, da die von Volvo angelieferten 242-Karosserien als Basis für beide Modelle dienen; bis auf Teile des Daches, die bei Bertone gepresst werden, und bis auf die Scheiben (sie kommen von einem italienischen Zulieferer), fungiert Bertone „nur" als Montagefabrik für Volvo. Das Projekt gerät übrigens in Gefahr, als kurz vor Produktionsbeginn der Autotransporter mit drei in Schweden von Hand gefertigten Vorserienmodellen in Italien gestohlen wird: Der Fahrer hatte sich verspätet, im Bertone-Werk niemand mehr angetroffen und war dann zu einem Motel gefahren. Dort verschwand der

Transporter, wurde glücklicherweise aber einen Tag später samt Ladung wieder gefunden. Die Diebe wussten offenbar nicht, welchen Fang sie gemacht hatten. Diese Vorserienmodelle, die für Pressefotos in Schweden zugelassen worden waren, werden später leider verschrottet.

Motorisiert ist der 262 C mit dem 2,7-Liter-V6, der in Amerika aber wegen des Katalysators noch einige PS einbüßt. „The car is no fireball in stop-and-go-traffic", heißt es denn auch bei „Road & Track" 1978, er sei aber ein

Volvo 242 GT, ein Auto in der Tradition des 123 GT

Selten: 262 Limousine, die fast ausschließlich in den USA verkauft wurde

Volvo 265 GL von 1977, ebenfalls eine US-Version

50   Volvo 140 bis 260

Zugstark:
245 DL von 1978

schöner Gleiter, so wie es „drüben" gerne gesehen wird; die Höchstgeschwindigkeit liegt bei 180 km/h, die Beschleunigung von 0 auf 100 km/h bei 13,2 Sekunden (ermittelt vom schwedischen Fachblatt „Teknikens Värld" 1979). Zu haben ist der 262 C mit manueller Viergang-Schaltung oder der Dreigang-Automatik, zu der 90 Prozent der Kunden greifen.

Obwohl der Innenraum des 262 C vom Layout her gleich blieb, fühlt sich das Coupé völlig anders an. Sicher, das Dach ist zehn Zentimeter niedriger – um das etwas auszugleichen, waren die Sitzflächen gleichfalls fünf Zentimeter tiefer, dennoch ging Kopffreiheit verloren. Folglich gab es auch kein Schiebedach. Den großen Unterschied zur Limousine machen jedoch die verwendeten Materialien aus, wo mit Raffleder für die Sitze und Holzfurnier für die Türverkleidungen nicht gegeizt wurde – ohne Zweifel war der Innenraum auf amerikanischen Geschmack zugeschnitten. Wie vorgesehen wurde bis zu 90 Prozent der Produktion in die USA exportiert, wo das Coupé mit dem extravaganten Dachaufbau noch besser ankam als geplant. Zu Anfang wurden sogar Aufpreise von bis zu 1.500,– Dollar auf den Listenpreis von 15.000,– Dollar gezahlt. Im Gegensatz zu den europäischen Modellen hatten die amerikanischen 262 C kleine, rechteckige Doppelscheinwerfer und stets die mächtigen Stoßfänger.

Schick in Schale, mit Anleihen beim 262 C der zweiten Serie: Volvo 265 GLE von 1980 mit Spoiler und Alu-Felgen

Nach nur drei Jahren und 6622 gebauten Exemplaren wird die Fertigung eingestellt. Gebaut wurde das Coupé in drei Serien: Die erste von 1977 bis Herbst 1978 (ausschließlich in Silber und mit schwarzem Vinyldach); die zweite bis Sommer 1980 (nun auch in Goldmetallic mit und ohne Vinyldach, größerem Motor, neuen Felgen und Retuschen am Heck); die dritte bis Sommer 1981 (zusätzlich in Schwarz- und Hellblaumetallic, schmalere Stoßstangen und anderem Kühlergrill, jedoch nicht für die Amerika-Ausführungen). Die späteren Coupés haben den V6-Motor mit dem auf 2,85 Liter vergrößerten Hubraum. In Deutschland ist das 262-Coupé sehr selten.

Wenige Monate später, im August 1977, erscheint mit dem 242 GT ein Modell, das dem Volvo-Image einen Schuss Sportlichkeit bescheren soll. Der 242 GT hat ein strafferes Fahrwerk, „schnelle" Seitenstreifen, eckige Zusatzscheinwerfer im Grill und den 2,1-Liter-Motor mit 123 PS. Der amerikanische 242 GT hat wiederum eine leicht andere Front, ohnehin hat es stets für manche Märkte solche Retuschen gegeben, ein schönes Beispiel hierfür ist etwa der 245 GLX mit seinen kleinen rechteckigen Doppelscheinwerfern aus dem gleichen Jahr, gleichfalls für den nordamerikanischen Markt.

Und an dieser Stelle verdient noch eine besonderes Modell Erwähnung: Selbst versierte 240-Kenner geraten ins Schleudern, wenn vom 244 DLS die Rede ist. Nein, das „S" in der Typenbezeichnung steht nicht für „Sozialismus" – obwohl es sich um eine für die DDR gefertigte Sonderserie handelt, die 1977 in den Farben grün, weiß, gelb, rot und blau zu haben war. Die Meinungen über die gebaute Stückzahl gehen auseinander und reichen von 200 über 800 bis gar 2.000 Exemplare. Auch die Frage, ob 1978 noch weitere Autos entstanden, wird unterschiedlich beantwortet. Fest steht dagegen, dass dieser 244er „eigentlich" ein 264 DL war – unter dessen Haube eben nur ein B 21 A (mit einem Stromberg-Vergaser) werkelte. Die Industrieverwaltung Fahrzeugbau (IFA), Rummelsburger Allee, Ost-Berlin, vertrieb diese speziellen 240er – für stattliche 42.800,– Ostmark (ein Wartburg 353 kostete 17.000,– Ostmark) an „Berliner Bürger". Wer einen bekam, war gut dran: Unter der Hand wurde dafür gut und gerne das Doppelte gezahlt. Allerdings mussten Besteller damit rechnen, anschließend die Steuerfahndung auf dem Hals zu haben. Denn auch das gab es in der DDR.

Ein weiteres Sondermodell für die DDR waren 240er mit B 23 A-Vergasermotoren, denen Turbo-Nachrüstsätze von Volvo

Motorsport 140 PS (das Drehmoment stieg um 30 Prozent) entlockten. Auftraggeber dieser eiligen Drucksache aus den frühen Achtzigern war Erich Mielkes Ministerium für Staatssicherheit...

Aber zurück zum Jubiläumsjahr 1977, das Volvo nicht nur in guter Erinnerung bleiben wird: Die Verkaufszahlen sacken dramatisch ab, die Gesamtproduktion rutscht von 206.300 auf 158.500 Fahrzeuge – und das, wo ohnehin schon seit Einführung des 240/260 ein Abwärtstrend zu beobachten ist. Hatte „FAZ"-Mann Gotta also Recht, verkaufte sich Hässlichkeit tatsächlich schlecht – selbst wenn sie noch so begründet und vernünftig scheint? Pehr G. Gyllenhammer, bekennender 240-Fan, gibt im Herbst 1977 bei einem Interview zu, dass „wir Autos, die mehr auffallen, die mehr Anziehungskraft und mehr Flair haben, vielleicht besser verkauft (hätten)... Aber langfristig ist unsere von Zweckmäßigkeit bestimmte Lösung sicher richtig". Zunächst freilich sieht es nicht danach aus: 12.078 240er des Modelljahrs 1975 müssen in die Werkstätten gerufen werden, um die Schraubverbindungen der Vorderachse zu kontrollieren. Volvo rutscht

Schwedisches Viertürer-Duo: 264 GLE sowie 244 GLT

Die „durchsichtige" Kopfstütze, ein Merkmal früher 240/260er

Langer Lulatsch:
245 Transfer, gebaut in Kalmar und bei Yngve Nilsson in Laholm

Platz für acht Personen samt Gepäck: der üppige Tranfer-Innenraum

offenbar aber ernst gemeint. Zu hören gab es davon jedenfalls nie wieder etwas. Auch die Volvo-Renault-Allianz, die einige Zeit später in Angriff genommen wird, scheitert.

Anfang 1978 machte der heute sehr gesuchte 245 Transfer auf dem Brüsseler Autosalon seine Aufwartung. Wie der 264 TE um 70 Zentimeter verlängert, sollte der 245 Transfer (oder 245 T) vor allem als Zubringerfahrzeug für Hotels oder Fluggesellschaften dienen. Rund 280 dieser Autos wurden bis 1981 gebaut, im Volvo-Werk Kalmar, aber auch bei Yngve Nilsson in Laholm (siehe Kapitel „Sonderkarosserien").

Eigens für Amerika präsentiere Volvo im selben Jahr abermals einen Prototypen, bei dem die Sicherheit im Vordergrund steht. Das VSCC – Volvo Safety Concept Car – erinnert an einen normalen 244/264, ist aber an seitlichen Reflexionsflächen und Zusatzlampen unter den Stoßstangen leicht zu erkennen. Zu den ungewöhnlichen Sicherheitsmerkmalen dieses Prototypen gehören pulsierende Bremslichter, eine geschwindigkeitsabhängige Hupe (je schneller, je lauter), aber auch heute Gängiges wie Warnleuchten in den Türen, eine Warneinrichtung für zu geringen Reifendruck, einen Glatteis-Warner, elektrische beheizte Außenspiegel, pannensichere Reifen, Airbags und ein fest integrierter Kindersitz. Mit dem VSCC wollte Volvo die eigene Kompetenz auf dem Sicherheitssektor unterstreichen, auch in Sachen Umwelt-

in ein Tal der Tränen. Da passt es ins Bild, dass Marcus Wallenberg, schwedischer Finanz-Mogul und Saab-Hauptaktionär, die Fusion von Volvo und Saab anregt, mit Pehr G. Gyllenhammer als neuem Boss dieser Volvo-Saab-Scania AB. Alles sei beschlossen und abgenickt, heißt es – und das neue Auto, das frühestens Anfang der achtziger Jahre erscheinen soll, würde den Markennamen Salva tragen. Klingt nach Aprilscherz, war

schutz lagen die Schweden weit vorn: Als die amerikanische Sicherheitsbehörde ein eigenes Konzeptfahrzeug auf Basis des Chevrolet Impala vorstellte, hatte es einen Volvo-Motor – wegen des Katalysators mit Lambda-Sonde. Auch als Bosch gemeinsam mit Telefunken Mitte der siebziger Jahre Experimente mit einem Abstandswarngerät durchführte (Ende der neunziger Jahre schließlich als Distronic bei Mercedes-Benz serienreif), wurde auf einen Volvo 244 zurückgegriffen. 1981 sorgt ein weiterer Prototyp für Furore, bei dem Sicherheitsaspekte nicht im Mittelpunkt stehen: ein herkömmlicher 260er, der aber statt des Verbrennungsmotors eine Gasturbine unter der Haube hat. Das Triebwerk war von einem Volvo-Tochterunternehmen entwickelt worden, die Leistung entsprach der des herkömmlichen Motors. Vorteil sei, so hieß es damals, dass vielerlei Brennstoffe zum Antrieb genutzt werden könnten. Man glaubte, 1995 mit einer Serienfertigung beginnen zu können.

Doch wieder zurück ins Jahr 1978. Die Volvo Personvagnar AB (Volvo Car Corporation), eine Tochterfirma der AB VOLVO, wird gegründet. Außerdem geschieht Revolutionäres: Der erste Volvo-Personenwagen mit einem Dieselmotor wird auf dem Pariser Automobilsalon vorgestellt. Selbstzünder im Personenwagenbau waren in den sechziger und frühen siebziger Jahren noch kein wirkliches Thema, nur wenige Hersteller (Mercedes-Benz, Peugeot) befassten sich intensiv damit. Angestachelt durch die Energiekrise ändert sich das, und Volvo arbeitet sogar selbst an einem Reihen-Sechszylinder. Wieder einmal (wie beim V8) entscheidet man sich aber gegen eine Serienfertigung. Volvo kooperiert stattdessen mit VW und einigt sich darauf, dass Volvo einen Sechszylinder-Diesel mit 2,4 Liter Hubraum bekommt und VW nebst Audi in ihren Personenwagen nur Vier- und Fünfzylinder verbaut; für manche Märkte wird es Volvos Diesel-240er auch mit fünf Zylindern geben. Auch dieser Sechszylinder – der erste der Welt in einem Serien-Personenwagen – wird zum Dauerläufer: Bis zum Ende der Bauzeit wird dieses Aggregat den 240/245 antreiben, maximal 155 km/h sind mit dem 82 PS-Diesel drin, dafür begnügt sich der (aus heutiger Sicht laute und lahme) Nagler mit weniger als 10 Liter Kraftstoff auf 100 Kilometer. Bei rund 20 Prozent Anteil pendelte sich in Deutschland die Nachfrage nach dem VW-Dieselmotor ein.

Bevor jedoch der Diesel 1979 auf den deutschen Markt kommt, steht für das Modelljahr

Nagelnde Zeiten: 244 D6 mit Sechszylinder-Dieseltriebwerk

Lange Volvo-Tradition: Der schwedische Hersteller und seine Taxi-Modelle

Quadratur des Kreises: 1979er 245 DL

Ersatz für den 145 Express: der 245 Varu Vagn

ein großes Facelift an. Mehr als 800 Bauteile werden verändert, alle Modelle erhalten ab Herbst 1978 rechteckige Scheinwerfer, um die Kotflügelecken gezogene Rückleuchten, der Kofferraumdeckel wird tiefer nach unten gezogen und so die Ladekante um neun Zentimeter abgesenkt. Frontspoiler kommen auf, serienmäßig gibt es ihn in Deutschland aber nur für das Einspritz-Modell. Das Fahrwerk wird überarbeitet, zumindest im Detail: Stärkere Stabilisatoren sollen die Querneigung bei Kurvenfahrt reduzieren, die Stoßdämpfer werden straffer abgestimmt. „ams" resümiert: „Das Fahrverhalten bleibt auch unter extremen Situationen kalkulierbar und gutmütig, ohne vom Fahrer überdurchschnittliche Fähigkeiten zu verlangen." Bei den Motoren erstarkt die 2,1-Liter-Vergaserversion im Wesentlichen durch eine Anhebung der Verdichtung auf 107 PS (verlangt jetzt aber Superbenzin), und der V6-Zylinder bringt es auf 148 PS – ebenfalls dank höherer Verdichtung sowie einem neuen Saugrohr.

140 PS hat die 1979 lancierte 2,3-Liter-Vierzylinderversion, die für den 242 und 244 zu haben ist. Der „GLT" wird bei der Vorstellung

Einstieg in die Sechszylinder-Klasse: 265 DL von 1979

Kombi-Combo, mal mit alten, mal mit neuen Rückleuchten

im Frühjahr 1979 vom damaligen Volvo-Vertriebschef Dieter Laxy als „deutscher Volvo" bezeichnet, Technik und Ausstattung seien in Deutschland entworfen worden. Der B 23 E-Motor hat erweiterte Ansaugkanäle, eine schärfere Nockenwelle mit anderen Steuerzeiten und geschmiedete Kolben. Der Ausstattungsumfang entspricht der GL-Version, bietet zusätzlich aber getönte Scheiben, einen zweiten Außenspiegel, Drehzahlmesser, Ledermanschette am Schalthebel und natürlich Aluminium-Felgen. Dazu kommen Frontspoiler, schwarze Stoßstangen und ein Luftleitblech für den hinteren Auspufftopf wie beim 264. Es gab einen Overdrive, in Deutschland aber nie eine Servolenkung, der Preis für den GLT betrug 1979 zum Verkaufsbeginn 23.450,– Mark. Das Modell machte ziemlichen Wirbel in Deutschland, die Beschleunigung war besser als beim BMW 520, wenn auch die Höchstgeschwindigkeit mit 180 km/h nicht unbedingt begeisterte.

Ein Jahr später, wieder zum Pariser Salon, bekommt der 2,1 Liter 1980 eine Turbo-

Multi-Kulti: Weil zuverlässig und langlebig hatten Polizei und Feuerwehr aller Herren Länder 240-/260-Modelle im Einsatz

Aufladung – und damit 155 PS – verpasst: Die 200 km/h, die der Tacho verspricht, sind zumindest ansatzweise erreichbar (exakt sind es 195 km/h). Haupterkennungsmerkmal von Volvos erstem Turbomodell – das zunächst nur als Limousine, später dann auch als Kombi lieferbar ist – sind die schwarzen Fensterrahmen und Stoßstangen, der schwarze Grill sowie besondere Felgen (wie beim GLT). In Amerika heißt dieses Modell „GLT Turbo". Es wird mit Freuden aufgenommen, den alten GT hatten die Fans immer ein wenig als Mogelpackung geschmäht: sportliches Aussehen, aber nicht viel dahinter. Um den V6 nicht zu „alt" aussehen zu lassen, wird dieser auf 2,8 Liter und ebenfalls 155 PS gebracht. Außerdem werden die Autos attraktiver, sie erhalten schmalere Stoßstangen – was ihrem Outfit ausgesprochen gut bekommt – und ein neues, modernes Armaturenbrett.

Seit Mitte 1981 war er durch die Gazetten gegeistert, kommt er im Februar 1982 auf den Markt: der neue große Volvo 760. Kein Wunder, der 240/260 geht ins neunte Modelljahr, eine Ablösung scheint überfällig. Doch der Neuling, an dem schon seit 1975 gearbeitet worden war, ist eine Nummer größer als die 240/260-Serie. Zwar ist die Außenlänge ungefähr gleich, doch im Radstand (2,77 statt 2,64 Meter) schlägt der 760 den 240 deutlich. Der kantige 760 – zunächst ausschließlich als Limousine erhältlich – läutet wie der 140 eine neue Ära bei Volvo ein. Er bekommt einen stärkeren Sechszylinder-Diesel (112 PS) sowie den bekannten Otto-V6 und einen Vierzylinder-Turbo-Intercooler mit einer Leistung von 173 PS, was eine Spitzengeschwindigkeit von mehr als 200 km/h möglich macht. Um den Abstand zur „alten" 240er-Reihe zu wahren, aber auch aus kapazitätstechnischen Gründen, wird die Produktion des 264 eingestellt, der 265 aber noch bis Juni 1985 weitergebaut. Bleibt noch zu erwähnen, dass ab Modelljahr 1983 Volvo Abschied vom schönen Brauch nimmt, in der Typenbezeichnung auch die Zahl der Türen zu nennen, folglich gibt es nur noch die Modelle 240 und 260.

An eine Einstellung des 240 hat bei Volvo zu diesem Zeitpunkt wohl wirklich niemand gedacht, schließlich war das Typenprogramm so rund wie lange nicht mehr: Der kleine 3er Volvo, der klassische 240 und eben der neue, große 760. Dass der kleinere 343 von der Typenbezeichnung über dem 240 rangiert, stört niemanden, die Logik der Modellbezeichnungen bei Volvo ist eben so – deshalb musste der neue ein 7er werden, die Ziffern zuvor waren alle schon besetzt. Ende 1983 wird die einmillionste 240-Limousine gebaut (der 140 war zwei Jahre schneller), und die Nachfrage nach der Baureihe ist ungebrochen, trotz des neuen großen Volvo. Das zehnte (!) Produktionsjahr 1983 wird trotz der größeren und moderneren internen Konkurrenz das beste in der gesamten Laufzeit der Baureihe: 234.300 Exemplare laufen von den Bändern. Auch der 740, der Anfang 1984 auf den Markt kommt, ändert vorerst nichts an der sehr guten Nachfrage. Der 740 hat den 2,3-Liter-Motor des 240 unter der Haube, sonst unterscheiden ihn nur Details vom 760.

Und von wegen Schluss mit 240: 1984/85 wird das Motorenprogramm nach und nach komplett erneuert; es gibt neu entwickelte, so genannte Leichtlauf-Vierzylinder, die sich durch geringeren Verschleiß, geringeren Verbrauch und hohe Laufkultur auszeichnen. Sechszylinder-Modelle werden endgültig nicht mehr angeboten, es gibt jetzt nur noch den 240 Limousine und den 240 Kombi – der letzte „242" war 1984 gebaut worden. Zu den gesuchtesten 242 überhaupt gehören jene 500 gebauten „Turbo Intercooler Special Edition", die kurz vor Produktionsende aufgelegt wurden, um die Homologation

Zu beziehen über den Volvo-Händler: 240 und 260 als Krankenfahrzeug

für den amerikanischen Rennsport zu bekommen. Aber gab es tatsächlich 500 dieser heißen Kisten?

Die wichtigste Neuheit im Herbst 1985 ist auch in Deutschland zu haben: Ein neuer Motor mit der „LH-Jetronic" von Bosch nebst geregeltem Dreiwege-Katalysator mit Lambdasonde. Damit gehört Volvo auch in Deutschland zu den Vorreitern in Sachen Umweltschutz. Außerdem wird eine achtjährige Garantie gegen Durchrostung eingeführt. Die neuen Modelle werden zudem optisch aufgefrischt, die Front erhält eine fla-

Drucksache: Der 155 PS starke Volvo 240 Turbo

Streifenwagen: Volvo 244 Spezial von 1980, ein Sondermodell von Volvo Deutschland. Es bot Alu-Felgen, Stereo-Cassetten-Gerät samt weiterer Details und war in allen 244-Varianten lieferbar

Exportschlager: 245 GLT aus dem Modelljahr 1981, hier als Rechtslenker

Die 240-Palette von 1982 reichte von 82 bis 155 PS

chere Haube und einen überarbeitetes Kühlergrill, die Wagenflanken sind bis oberhalb des Schwellers mit Kunststoff-Auflagen geschützt, und die Limousinen bekommen einen nochmals tiefer gezogenen Kofferraumdeckel. Für Deutschland werden für alle Fahrzeuge getönte Scheiben und Spoiler obligatorisch. Der Innenraum wird abermals überarbeitet, die Vordersitze sind nun anders geformt, die Kopfstützen verbessert. Sämtliche älteren Triebwerke (B 17 A, B 19 ET, B 21 ET, B 21 FT) sind weggefallen, so dass die gesamte Motorenpalette (neben dem unverdrossen angebotenen Diesel) für alle Märkte aus B 200 K, B 200 E, B 230 A, B 230 E und B 230 F besteht. Seit 1985 gibt es die 7er-Reihe nun auch als Kombi, die interne Konkurrenz wird also noch schärfer.

Das Modelljahr 1985/86 war das letzte, in dem der 240er in Deutschland mit umfangreicher Motorenpalette angeboten wurde: 2,3 Liter mit 112 PS, 2,3 Liter mit Kat und gleicher Leistung, dazu der GLT mit 131 PS (weniger Leistung wegen des Katalysators), der Turbo mit 155 PS und eben der Diesel mit sei-

Einzelstück in Schwarzmetallic: 1983er 244 GLE eines Hamburger Volvo-Liebhabers

nen 82 PS. Das Modell ohne Katalysator verfügt immer noch über einen Gleichdruck-Vergaser. Seit 1986 gibt es dann nur noch zwei Motoren, den 2,3 Liter (allerdings zunächst noch mit und ohne Kat) sowie den Diesel. Zu diesem Zeitpunkt hat der 2,3-Liter-Motor noch 110 PS, später sind es nach einigen Modifikationen 115. Das Vergaser-Modell wird ab 1987 nicht mehr angeboten.

Spätestens mit der Katalysator-Option in Europa scheinen die Entwicklungsmöglichkeiten des 240 weitgehend ausgeschöpft, von ABS und Airbags abgesehen. Dementsprechend wurde bis Ende der achtziger Jahre kaum etwas geändert, das Modell plätscherte vor sich hin – Nachfrage war aber immer noch da. Und siehe da, der 240 schafft es auch in die neunziger Jahre! Unverhohlen wirbt Volvo in einem Prospekt von Ende 1989 mit dem Alter des Modells: „Inzwischen haben wir ihn zu einem vollendeten Automobil weiterentwickelt – dem Volvo 240 des Modelljahres 1990... Mehr als alle anderen Modelle ist es der Volvo 240, auf den sich unser Ruf auf dem Weltmarkt gründet... So bleibt der Volvo 240, was er ist – ein ungewöhnliches Beispiel für Vernunft im Automobilbau."

Man mag Prospekt-Texte stets mit Vorsicht genießen, aber jene Sätze kommen der Wahrheit sehr nahe. Es gibt jetzt erstmals einen Fahrerairbag, die Heckscheibe des Kombis wird vergrößert. Und immer noch kann das alte Schiff technisch zulegen: Seit August 1990 sind alle Modelle gegen Aufpreis mit einem Anti-Blockier-System (ABS) für die Bremsen lieferbar, und der 2,3-Liter-Motor leistet jetzt 136 PS, beinahe soviel wie zu Beginn ohne Katalysator.

Das Modelljahr 1992 bringt nochmals leichte Retuschen an Fahrwerk und Interieur sowie neue Modellbezeichnungen, je nach Markt: Neben dem schlicht Volvo 240 genannten Basismodell kommen 240er als GL, Classic oder SE (Limousine) oder je nach Markt auch zusätzlich als Superclassic, Family Edition und Polar daher. Im letzten Produktionsjahr purzeln 25.700 frische 240er von den Bändern, 1992 waren es noch 48.900 gewesen, 1988 noch knapp 90.000. In Deutschland wurde zuletzt nur noch der Kombi zum Preis von 37.850,– Mark angeboten. Dann, am 5. Mai 1993, endet die Produktion: Der letzte 240, ein für Italien bestimmter „Polar"-Kombi, kommt gleich ins Museum. Dort steht er jetzt zusammen mit dem aller ersten 240er, einer dunkelblauen Limousine. Insgesamt sind mehr als 2,8 Millionen Autos der 240-/260-Baureihe produziert worden, bis heute mehr als von jedem anderen Volvo. Dieser Haus-Rekord dürfte noch sehr lange Bestand haben. Auch das zeigt, wie wichtig diese Baureihe für das Unternehmen war.

Im Prinzip brachte der 240 sogar das Kunststück fertig, seinen Nachfolger zu überleben, solange man die 7er-Volvos als Nachfolger versteht (immerhin auch Hinterradantrieb mit starrer Achse!). Hier waren die letzten Modelle 1992 gebaut worden. Der 1991 lancierte 850 stieß in diese Lücke – und bescherte Volvo mit seinem Frontantrieb (den vor ihm nur der 480 von 1985 hatte), mit einem Leichtmetalltriebwerk samt zwei obenliegenden Nockenwellen und Vierventiltechnik endgültig moderne Zeiten. Wenn man so will, kann man den 850 als Nachfolger des 240 verstehen – aber kann es für eine Ikone überhaupt einen Nachfolger geben?

Heute zeigt sich die Marke Volvo – seit 1999 ist die Volvo Car Corporation, also die Personenwagensparte, im Besitz des Ford-Konzerns – völlig verjüngt, kann ein breiteres Produktspektrum bieten denn je. Aber der 140/240 ist und bleibt der Volvo, der die Marke in Deutschland bekannt gemacht hat. Noch heute sieht man vor allem den 245 recht oft im Straßenbild, die Limousine ist dagegen schon seltener. Setzt man sich in einen 245 der letzten Jahre, springt sogar

Zufriedener Erstbesitzer: NDR-Redakteur Wolfgang Meisenkothen mit seinem 244 von 1988

Pferdestärken, klassisch und modern: 240er trifft Buckel-Volvo

Von zeitloser Eleganz: 1993er 245 Super Polar mit B 200 F-Motor für den italienischen Markt

Last Exit: In Deutschland ausgelieferte Family Edition mit mit B 230 F-Aggregat (unten und rechts)

noch eine Familienähnlichkeit zu den heutigen Modellen ins Auge: Es ist dieses klare und einfache, schwedisch-kühle Innenraum-Design, das immer noch gefällt. Die Sitze scheinen für die Ewigkeit gemacht, der Kombi begeistert ebenso wie sein Vorgänger 145 mit einem wahrlich riesigen Laderaum.

Zurzeit sind 245 noch für relativ wenig Geld zu bekommen – die gepflegten „Rentner-Mobile" werden aber leider nur selten angeboten, Volvos waren häufig Vierfahrer-Autos. Fast verschwunden sind die Sechszylinder-Modelle, diese dürften schon bald gesuchter als heute die 164er sein. Und dass 262 C und 264 TE längst Liebhaberstatus haben und als eine Art Kultauto stets entsprechend behandelt wurden, ist auch klar.

Es wird sicher die Zeit kommen, in der die Preise für den 240/260 steigen werden, schließlich verkörperte die Baureihe wie keine zweite die Seele der Marke Volvo.

Der Volvo 240: Das Auto für die Dinge des Lebens

von Wolfgang Peters

Autos sind von sehr unterschiedlichem Charakter. Sie sind schön, rassig, elegant, üppig, sinnlich oder sportlich. Nichts davon trifft auf einen Volvo 240 zu.

Es gibt Autos, die betören mit Liebenswürdigkeit. So ein Auto ist der Volvo 240 nicht.

Es gibt Autos, die wecken auf den ersten Blick schon Sehnsüchte. Auch so ein Auto ist der Volvo 240 nicht.

Es gibt Autos, die ziehen schmachtende Blicke auf sich. Junge Frauen lassen bei ihrem Anblick den Schleier sinken und Jünglinge schieben bei dem Klang der Motoren dieser Wagen ihre Mütze in den Nacken, wo sich die feinen Haaren aufrichten. Natürlich ist der Volvo 240 auch nicht so ein Auto.

Der Volvo 240 hat andere Qualitäten. Sie überdauern Moden, sind unabhängig von jahreszeitlich bedingten Erregungszuständen und halten länger als nur ein Autoleben. Der Volvo 240 ist jenes Auto im Leben einer Familie, das man immer schon wollte. Man wusste es nur nicht. Aber irgendwann hat man ihn nötig. Einfach ein Auto für die Dinge des Lebens.

So erging es der Familie, von der hier noch die Rede sein wird. Sie besteht aus einem Vater, der aufgrund seines Berufes über viele Jahre hinweg so ziemlich alle Autos dieser Welt gefahren hat. Deshalb begegnet er Autos, die man mit dem Messer zwischen den Zähnen fahren muss, auch nicht mehr mit der ultimativen Neugierde. Und aus einer Mutter, die beruflich einige Jahre ziemlich schnell mit italienischen Autos unterwegs war, die alles hatten, nur keinen Mangel an Leistung. Sowie aus zwei Kindern, einem Hund und zwei Katzen. Und dann gibt es noch jene Teile der Familie, die weder menschlich noch tierisch, aber doch sehr wichtig sind: Das alte Haus mit vielen noch unmöblierten Zimmern, ein Garten wie ein Reservat für Flechten und Moose, morsche Bäume mit herbstlichen Laubbergen, ein prosperierender Weinkeller, die überbordende Bibliothek, haufenweise Zeitschriften und Stofftiere und Spielzeug und ein Gartenhaus und Werkzeug und Geräte und eine riesige Kreissäge, damit aus Baumstämmen handliche Klötze für den Kamin werden. Daraus entsteht jenes Bedürfnis, das man unter bürgerlichen Voraussetzungen nur mit einem Volvo 240 Kombi befriedigen kann: Transport fast ohne Limit, Befördern ohne Beschränkungen und der Möglichkeit, Laden als Lust zu empfinden. Natürlich gibt es andere große Kombis mit Raum und Stauvolumen. Aber der 240 ist ihnen meistens nicht nur überlegen in den praktischen Dingen. Was ihn unterscheidet und gleichzeitig hervorhebt ist sein Charakter.

Er ist von jener inneren und äußeren Schlichtheit, die man als bewusste Untertreibung bezeichnen kann. Nirgendwo verspricht er mehr, als er halten kann, er macht sich nicht wichtig mit irgendwelchen Schachtel- oder Ladesystemen, er bietet keine verschiebbaren Schienen für Boxen und seine dünne und ungepolstert verkleidete Ladefläche ist schlicht und einfach eine Ebene des Transports. Der Boden und die Seitenwände sind bedeckt mit einem harten Material, das vielleicht aus mehrmals recyceltem Nadelfilz hervorgegangen ist. Jedenfalls ist es robust. Immerhin hat es die Exkremente von Hunden und Katzen und den Inhalt eines Farbeimers überstanden. Das Material ist einfach zu reinigen: Man spritzt es mit dem Gartenschlauch ab und lässt es im Heizungskeller trocknen. Dabei schrumpft es ein wenig, nimmt aber innerhalb von drei Wochen die alte Form wieder an. Zumindest einigermaßen. Die Rückbank ist nicht geteilt und der Mechanismus zum Entriegeln hat mehrere Fingernägel auf dem Gewissen. Dass man hinten nicht nur Güter und Dinge transportieren, sondern vielleicht auch noch einen oder zwei Sitzplätze anbieten möchte, daran hat man in den beinahe zwanzig Jahren Bauzeit des 240 halt nicht gedacht. Vielleicht zeigt sich hier auch nur die Konsequenz der Schweden: Wenn umgeklappt wird, dann eben richtig. Die zur Entstehungszeit dieses Volvo keineswegs selbstverständlichen hinteren Sicherheitsgurte bilden gerne ein Gewurstel, das der Gruppe des Laokoon sehr ähnlich ist. Hier muss hin und wieder eine ordnende Hand eingreifen. Man faltet die Rücksitzbank zusammen wie einen alten Liegestuhl – und schon entsteht eine Ladefläche, die dem Versammlungsplatz einer kleinen Dorfgemeinschaft nicht unähnlich ist. Aber auch mit aufgestellter Rückbank ist das Volumen in Tiefe und Breite sehr beachtlich. Und hinter der Lehne lässt sich eine Abtrennung fein verschraubt einpassen. Dann ist auch Bosco, der Hund, gut aufgehoben.

Keiner in der Familie hat das Zeug oder die Zeit zum Autopfleger. Gelegentlich wird der Laderaum mit dem Staubsauger besucht, das gilt auch für die Fußräume. Und weil der gesamte Innenraum mit jener Sorte von Hartplastik verkleidet ist, die man aus den Schächten der Göteborger Untergrundbahn kennt, muss man lediglich zweimal im Jahr mit einem feuchten Wischtuch darüberfahren. Eine Prüfung der besonderen Art musste der Volvo 240 dieser Familie allerdings während der Zeiten des Kindergartens über sich ergehen lassen. Konventionelle Kindergärten waren der Familie zu sehr darauf bedacht, die Kinder in überheizten Räumen mit Handarbeiten zu beschäftigen. Deshalb wurde ein Waldkindergarten gesucht und gefunden. Er hieß „Die Erdflöhe", war eine prima geleitete Elterninitiative und hatte nur einen Nachteil: Beim Abholen glichen die Kinder einer Schar von Frischlingen, die sich im Stile der jungen Wildschweine stundenlang in Matsch und Schlamm gesuhlt hatten. Der 240 mutierte für eine gewisse Zeit zu einem Transportfahrzeug für Erdreste und Tonklumpen, für Haufen von Fichtennadeln und matschigem Laub. Aber auch das hat der Volvo gut überstanden. Jetzt gehen die Kinder in die Schule und das Auto wirkt wieder piekfein.

Der Volvo 240 ist für die Familie wie ein Angehöriger, der zufällig in der Garage wohnt. Darin fühlt er sich wohl. Sein Lack ist ein silbergraues Kleid mit gezielt aufgebrachten schwarzen Applikationen an der Gürtellinie. Die lange Motorhaube mit dem archaisch vorgeschobenen Kühler-Kinn, die großen Scheinwerfer und die mächtigen Kanten sowie das überlange dritte Seitenfenster fügen sich zu der Gestalt eines Autos, das gerade und aufrecht durch diese Welt fährt. Besser: durch diese Welt schreitet. Denn der 240 hält einfach auf Abstand. So wie er sich nicht anbiedert, so drückt er auch Zurückhaltung aus. Mit dem Gerangel und Geschnaufe beim Ampelstart möchte er nichts zu tun haben. Man wirft ihn nicht in Kurven hinein und man rast nicht. Das Auto legt am Morgen an der Garage ab und wirft vor der Schule einen Anker. Die Kinder holen die Ranzen hinter der Heckklappe hervor und schmettern sie ins Schloss. Wenn der Anker eingeholt wird, dann ist der große Vierzylinder warm, die Heizung kommt rascher auf Touren als ein Kanonenofen, und wenn es von der Vorderachse her ein wenig ächzt, dann weiß der Fahrer, dass er zu schnell in die Kurven gefahren ist.

Die Familie ist zu ihrem Volvo 240 nicht ohne Anstrengung gekommen. Schon Mitte der neunziger Jahre war es nicht einfach, einen guten, gebrauchten 240 zu finden. Der große Schwede hatte sich zum Lieblingsauto der amerikanischen Collegestudenten entwickelt. Nach dem Ende des VW Käfers wurde er zum Symbol der Ablehnung des ungebremsten Strebens nach Leistung und Konsum. Und in amerikanischen Spielfilmen fuhren ihn Künstler und Intellektuelle. Der Sicherheitsgedanke wurde im Volvo 240 zuerst umgesetzt, besser war damals keiner, wenn es um die passive Sicherheit ging. Auch daran dachte damals die Familie, aber: Er sollte zudem unbedingt silbergrau sein. Das verstärkt seine Vornehmheit und erhöht den Abstand zum Rest der dynamisch orientierten Autowelt, fand die Familie. Die Suche mit Hilfe von Volvo Deutschland fuhr schließlich in Norddeutschland Ertrag ein. Der Wagen wurde in Hannover abgeholt, und er wirkte wie aus dem Prospekt: Kein Rost (auch jetzt, im Jahr 2004, nur einige kleine Flecken am Falz der Heckklappe und unten an der rechten vorderen Türe). Und der sackleinenähnliche Stoff der Sitze war gekennzeichnet von jenem grauweißen Gesprenkle, das unverwüstlich ist. Der Vierzylinder läuft noch frisch wie am ersten Tag, er verliert kein Öl, man gibt ihm gutes Benzin und er fordert soviel Wartung wie ein Denkmal aus Granit. In der kalten Jahreszeit zieht man ihm Winterreifen auf und er gleitet durch den Schnee mit der Eleganz eines Skilangläufers. Alles an dem Volvo ist so wie an jenem Tag des August 1992, als er vom Band stieg. Einmal wurde die Starterbatterie ersetzt, die Auspuffanlage hat man erneuern lassen, dazu die Antenne für das Radio. Ein Trottel hatte sie umgeknickt.

Im Herbst 2004 zeigt der Wegstreckenzähler knapp 140.000 Kilometer, der 240 war an der Ostsee, am Mittelmeer und bei jedem Bau- und bei jedem Flohmarkt im Umkreis von hundert Kilometer. Wenn die Sonne tief genug steht, dann leuchtet sein Lack aus der Garage heraus wie eine riesige Silbermine. Er wird dort noch lange glühen.

Die Lust am Besonderen
Sonderkarosserien – Professionelle Karosserieschneider...

Auf die Verwirklichung automobiler Träume sind vor allem italienische Karosseriekünstler abonniert. Klangvolle Namen wie Bertone, Pininfarina, Zagato, Frua, Michelotti und viele mehr haben sich spätestens seit den fünfziger Jahren die Spitzenstellung auf diesem Gebiet erobert – eine Tatsache, die auch die AB VOLVO zur Kenntnis nahm und immer wieder „italienische" Abenteuer suchte: Michelotti modellierte und Vignale baute in den frühen fünfziger Jahren Elisabeth I und II, Frua stellte die ersten drei P-1800-Prototypen auf die Räder und Coggiola überarbeitete Entwurf als BX in Serie ging). Dafür klappte es mit dem eleganten 780, der bei Bertone nicht nur gezeichnet, sondern auch gebaut wurde.

Sogar Zagato feierte die schwedisch-italienische Freundschaft und verblüffte die Öffentlichkeit mit gleich zwei Schöpfungen auf 140- und 164-Basis. Das war in der Tat ungewöhnlich, galt Zagato doch als Schneider leichter, extrem sportlicher Kleider – gedacht für Automobile mit geringem Gewicht und extravagantem Outfit (typisch in den fünfziger

Zagato, zum Ersten: Volvo GTZ von 1969

den ersten Schneewittchensarg (neben anderen Volvo-Studien). Schließlich ist da noch die renommierte Carrozzeria Bertone, wo neben Serienautos wie 262 C, 264 TE und 780 (von denen hier nicht die Rede sein soll) auch eine Studie entstand. Anfang der achtziger Jahre präsentierte Bertone den Tundra auf 343-Basis, bekam aber einen Korb: Die erhoffte Serienfertigung kam bei Volvo nicht zustande (wohl aber bei Citroën, wo der

...und zum Zweiten:
Volvo GTZ 3 von 1970

Der Ford Mustang lässt grüßen: 142 Fastback

Jahren waren die „Dubble-Bubble"-Ausbuchtungen im Dach), die ihre Bestimmung im Rennsport suchten (und fanden). So wurde die 1919 in Terrazzo die Rho (Mailand) gegründete Edelschmiede berühmt für solch hinreißende, in kleiner Stückzahl gebaute Leichtgewichte wie die Alfa-Romeo SZ- und TZ-Modelle, den Fiat 8V oder den Lancia Flaminia Zagato. Der Zwang, profitabel zu arbeiten, leitete Mitte, Ende der Sechziger freilich auch hier eine „bürgerliche" Periode ein, mit Serien-Fahrzeugen wie Lancia Fulvia Zagato oder Alfa Junior Zagato.

Von diesen beiden alltagstauglichen Coupés wurde der Volvo GTZ eingerahmt, als er im Herbst 1969 sein Debut auf dem Turiner Salon feierte. Auch der GTZ war ein eher für den Alltag (denn für die Rennerei) gedachter 2+2-Sitzer, in Form gebracht vom jungen Zagato-Chefdesigner Ercole Spada: Keilförmig, mit flacher Front, großen Scheiben sowie Doppelscheinwerfern wurde der kantig-profilierte Gesamteindruck dieses modernen Entwurfs durch rundliche Elemente abgemildert. Auch die dunkelblaue, seriös wirkende Lackierung relativierte sich sofort – durch orange Seitenstreifen, ein orange abgesetztes Kühlerblech und die orangefarbene Innenausstattung. Von Motauto di Bologna (Volvo Italia) in Auftrag gegeben, basierte der GTZ auf einem 142 S, leistete also 100 PS. Seine Abmessungen (L x B x H): 4.180 x 1.650 x 1.284 mm; der Radstand betrug unverändert 2.600 mm. Was aus diesem gelungenen, höchst originellen Automobil – das sogar eine große deutsche Autozeitschrift seinen Lesern vorstellte (auto, motor und sport 24/1969) – geworden ist, bleibt im Dunkeln.

Dauerte es eine kleine Ewigkeit, ehe sich Zagato einem Volvo widmete, so ging es nun Schlag auf Schlag: Auf dem Genfer Salon im März 1970 debütierte mit dem GTZ 3 (so genannt wegen seines B 30-Triebwerks mit 130 PS) bereits der zweite Zagato-Volvo innerhalb eines Vierteljahres. Zugeschrieben wird dieser sportliche Viersitzer aber nicht Ercole Spada (der hatte Zagato inzwischen in Richtung Carrozzeria Ghia verlassen), sondern seinem Nachfolger und ehemaligem Assistenten Giuseppe Mittino. Ob der sich dabei mit Ruhm bekleckerte, ist Geschmackssache: Pummelig kommt der zum Coupé konvertierte Fünfsitzer daher, mit aggressiv wirkender Front, hochklappenden Scheinwerferabdeckungen sowie „geometrischen" Stoßstangen, die an Eisenträger erinnern. Dazu verwirren unmotivierte Sicken und Kanten den Betrachter; so gehen Motorhaube und Windleitblech nicht plan in den Rahmen der Windschutzscheibe über, sondern stufenförmig. Die beste Figur macht der GTZ 3 von der Seite, wo seine Fensterlinie an die seines Vorgängers erinnert. Wohin es diesen Sonderling nach seinem Gastauftritt in Genf verschlägt, bleibt ungewiss. Sicher ist nur, dass er Mitte der neunziger Jahre bei einem schwedischen Fachbetrieb auftaucht, um dort für seinen neuen Besitzer komplett restauriert zu werden. Von wegen they never come back...

Picko Troberg, eine schwedische Motorsportlegende, war 1968 gemeinsam mit der Fachzeitschrift „Start & Speed" einer der Veranstalter der Stockholmer Hot Rod Show, die in den berühmten Marmorhallen stattfand (wo früher ein Autohändler residierte). Dort stellte u.a. die kleine Werkstatt von Bosse

Volvo 264 TE à la Yngve Nilsson aus Laholm

Schwedisch-indonesische Zusammenarbeit

Anders als alle anderen: 245 Transfer, ein von Nilsson gefertigte Einzelstück

Guten Tag: Hier sitzen sich die Fonpassagiere gegenüber

Mittelbau: Selbst ein verlängerter 264 kann noch zulegen...

Sandberg ihr ehrgeiziges Projekt der Öffentlichkeit vor: Einen Volvo 142 S Fastback, dessen sportliche, flach abfallende Dachpartie in Höhe der Hinterräder in den Kofferraum überging. Das Ergebnis war eindrucksvoll – und hatte sich verhältnismäßig einfach realisieren lassen: Sandberg ersetzte kurzerhand die Dachpartie eines 142 durch den Pavillon eines Ford Mustang Fastback, der statt hinterer Seitenscheiben auf markante, an Kiemen erinnernde Entlüftungsschlitze setzte. Bis auf das ungekürzte, etwas lang wirkende Hinterteil machte dieser dunkelgrün lackierte 142 S Fastback keine schlechte Figur. Sogar an eine Kleinserie war gedacht – aber wer würde rund 21.500,– Mark dafür ausgeben, wo doch ein (beileibe nicht billiger) 1800 S zum gleichen Zeitpunkt für 16.900,– Mark zu haben war? So blieb es (vermutlich) bei dem in dem hier vorgestellten Einzelstück, das bis in die siebziger Jahre hinein im schwedischen Borås unterwegs gewesen sein soll.

Von gänzlich anderer Machart sind jene Automobile, die Yngve Nilssons Karosseriefabrik im südschwedischen Laholm auf die Räder stellt. Diese Firma, die 1945 von ihrem Namensgeber gegründet wurde und heute unter Nilssons Special Vehicles firmiert, beschäftigte

Bestatter von Pollmann aus Bremen, gebaut in Laholm

Imposant: der 264 GLE von Welsch aus Mayen

Ein Bestattungswagen von Format

Auch Pickup-Modelle kamen aus Laholm, mal mit...

...und mal ohne Hardtop für die Ladefläche

sich in ihrer langen Geschichte überwiegend (aber nicht nur) mit den Produkten der AB VOLVO. Vor allem Kleinserien von Langversionen mit „nützlichen" Aufbauten wurden gefertigt, darunter ein hübscher Krankenwagen auf Basis des 145 Express mit nach vorne verlängertem Hochdach. Bei Sammlern ist heute jene Generation von Krankentransportern begehrt, die auf den Modellen der 240-/260-Baureihe fußen. Meist mit Sechszylinder-Motoren bestückt, leisten diese massig-eleganten Fahrzeuge 148 (B 27 E) bzw. 155 PS (B 28 E) PS, bieten lebhaftes Temperament sowie einen großen Stauraum, bei einer Länge von 5.515 bzw. 5.610 mm und einem Gewicht von ca. 2.200 kg. Auch die letzte Fahrt fand oft im Volvo statt: Nicht nur für schwedische Kunden, sondern zum Beispiel auch für Pollmann in Bremen entstanden in den achtziger Jahren schwarze, dunkelblaue oder silberne 240-Bestattungswagen mit B 23 A-Motor und 112 PS; zeitweise gab es sogar noch üppigere Wahlmöglichkeiten: Ein Pollmann-Prospekt offerierte eine 240 GLT-Version mit 131 PS-Einspritzmotor, manuellem oder automatischem Getriebe sowie zehn verschiedenen Lackierungen. Etwa gleichzeitig hatten Karl-Erik und Nils-Åke Nilsson – die Söhne des Gründers, die mittlerweile die Firma führten – zusammen mit einem einheimischen Partner die Montage von 240-Bestattungswagen für das indonesische Militär in Gang gebracht; etwa 80 solcher Fahrzeuge wurden so vor Ort auf die Räder gestellt.

Noch ein Nilsson-Einzelstück, diesmal mit „vorderer" hinterer Tür

Elegant: Der „lange" 264 von Nilsson machte eine ausgesprochen gute Figur

Daneben entstanden reizvolle Einzelstücke und Kleinserien in Laholm – wie jener bildschöne Kombi auf 164-Basis, ein wirklich eleganter und formal ausgewogener Fünftürer, der 1972 erschien und, ganz konsequent, Volvo 165 genannt wurde. Einge schwedische Zeitungen widmeten sich diesem noblen Automobil, leider vergebens: Volvo war von einer Serienfertigung nicht zu überzeugen... Wer für einen 240/260 schwärmte, aber Exklusivität vermisste, wurde vielleicht mit Nilssons Volvo Crown Victoria glücklich. Sofort am fehlenden hinteren Seitenfenster zu erkennen (die Nilsson-Blechkünstler hatten es verkleidet, was den dunkel lackierten Autos tatsächlich Noblesse verlieh), wurden Mitte der achtziger Jahre sieben (oder waren es doch nur vier?) dieser speziellen Viertürer auf die Räder gestellt. Ebenfalls sieben mal wurde der verlängerte 240 Pickup gebaut, ein wirklich hübsch aufgemachtes, kleines Nutzfahrzeug, dessen Ladefläche sich mit einem Hardtop abdecken ließ.

Spätestens 1981 verwandelte Carrozzeria Bertone im italienischen Grugliasco (bei Turin) die letzten aus Schweden angelieferten 242-Rohkarossen in flache 262 C und in lange 264 TE, dann war Schluss mit diesen „italienischen" Volvos. Das fand vor allem die DDR-Regierung schade, die dem 264 TE nachtrauerte – und sich deshalb über die Intrac Handelsgesellschaft mbH, Berlin, DDR, mit den beiden Nilsson-Brüdern in Verbindung setzte. Daraus sollte sich eine fruchtbare Zusammenarbeit entwickeln: Für die Verwalter des real existierenden Sozialismus entstanden bis zum Fall der Mauer rund 100 Fahrzeuge, darunter 1982/83 auch einige verlängerte 264 TE. Von diesen insgesamt 13 „langen" 264ern waren freilich nicht alle für Ost-Berlin bestimmt (einige blieben in Schweden und gingen an Taxi-Unternehmer), ebenso wie nicht alle dieser 13 „Stretch-Limousinen" dem italienischen Vorbild ähnelten: Es gab einige „extralange" Ausführungen, von denen mindestens ein

Volvo 140 bis 260 **73**

intrac HANDELSGESELLSCHAFT MBH

intrac Handelsgesellschaft mbH · DDR · 1100 Berlin, Pestalozzistr. 5–8

Yngve Nilssons Karosserifabrik
Aktiebolag Box 83

3/200 L a h o l m
Schweden

Ihre Zeichen   Ihre Nachricht v

Betreff:

In Ergänzung zur technisc
ist eine Veränderung der

Alle umzubauenden Pkw "V
sten. Auf der linken Fah
Volvo-Originalmotoranten
seite sind in den gleich
Volvo-Antenne je Fahrzeu
Best.-Nr. 920282-001, Fr
Mokab 124/2, Best.-Nr. 8

Die Beschaffung der notw
100 Anschlußkabeln) ist

Antennenhersteller: Ri
Radiotechnisches Werk R
7300 Esslingen/Neckar,

Wir bitten, daß Sie sic
setzen und uns ein ausführliches Angebot mit Preis und
breiten. Sollten sich darüber hinaus technische Rückfragen ergeben, so
sind wir jederzeit zur

TELEFON: 48 40   Telegramme

▶ Bitte unbedingt Vertrags-Nr. ange

Ag 137-81 1. Aufl. 81 IV-28-1-509

Grüße aus Ostberlin:
Für Honni wurde dieses
Landaulet gebaut –
damit er sich seinem
Volk in voller Größe
zeigen konnte

Schönheit liegt bekanntlich im Auge des Betrachters: Volvos der Baureihe 140 bis 260, mal schwülstig-verspielt, mal funktional

Exepmlar (es war weiß lackiert) über ein eingesetztes Mittelteil mit daran anschließenden hinteren Türen verfügte. Im Fond des luxuriösen Innenraums stand statt der beiden klappbaren Notsitze eine zusätzliche, entgegen der Fahrtrichtung installierte Rückbank bereit. Auf Basis eines solchen „extralangen" 264 TE entstanden die beiden vielleicht spektakulärsten Schöpfungen, die je bei Nilsson in Laholm das Licht der Autowelt erblickten: Jene beiden für Erich Honnecker bestimmten 264 TE Landaulets, in denen sich ein gütig lächelnder Staatsratsvorsitzender (vielleicht neben Ehefrau Margot und Stasi-Chef Mielke) seinem jubelnden Volk präsentieren konnte.

Aber die Spezialisten aus Laholm gingen nicht nur eigene Wege. So entstand der von Volvo auf dem Brüsseler Salon Anfang 1978 vorgestellte 245 T (Transfer) im Werk Kalmar; als es dort zu Kapazitätsproblemen kam, sprang Yngve Nilssons Karosseriefabrik ein und stellte einige Exemplare dieses „langen Lulatsch" auf die Räder. Ihr Erkennungsmerkmal ist das glatte, viel elegantere Dach (während sich sonst ein Bügel in Höhe der C-Säule über das Dach spannt). Aber auch bei der Transfer-Produktion nahm sich Nilssons Karosseriefabrik einige Freiheiten heraus, variierte die Anbringung der Türen und sorgte für zusätzliche Zentimeter...

...und Amateure

Vor allem in Schweden schlägt die Stunde der Amateure, die einen Teil des langen, dunklen Winters in ihrer Garage verbringen. Um in den schönen Monaten ihr Werk spazieren zu fahren und auf Treffen wie Vallåkra (es findet einmal jährlich im Sommer statt und ist so was wie der Ritterschlag für jeden Customizer...) stolz zu präsentieren: Hüfthohe 245, Flügeltüren, Umbau zum Cabrio, überlange Frontpartien, Top- und Body-Chopping... – erlaubt ist, was gefällt. Und wenn es gut gemacht ist, gefällt fast alles!

Aufregender Zweisitzer auf 240-/260-Basis

Nur ein Traum: Volvo 165, dem der schwedische Hersteller die kalte Schulter zeigte. Ausgangsbasis dieses Umbaus dürfte ein 164 von 1974 bzw. 1975 gewesen sein

Gelungen: Schickes Coupé in Bertone-Machart, mit einem 1973er 142 als Basis. Die Turbo- bzw. GLT-Felgen stehen dem Auto bestens

Top-Chop: 140 mit gesenktem Dach

Macht hoch die Tür: 240/260 als Flügeltürer

242 als Cabrio
mit Targa-Bügel

262 – mit einem „C"
wie „Cabrio"

Modellathlet?

Volvo 140 und 240 im Motorsport

Keine Frage, dass im Volvo 140 weniger sportliche Gene stecken als in Buckel und Amazon – obwohl sich die neue Baureihe, die in ihren technischen Grundzügen auf der P 120-Serie basierte, in vielen Punkten weiterentwickelt und verbessert präsentierte. Aber jeder 140er war bei gleichem Radstand eben auch länger, breiter und vor allem schwerer als sein direkter Vorgänger. Und damit unsportlicher. Schon die Werbung trug diesem Umstand Rechnung und hob bei Buckel wie (anfangs noch) Amazon deren Doppelcharakter hervor; „Volvo is a family sports car", versprach eine amerikanische Zeitschriftenanzeige und zeigte Ehefrau mit kessem Hütchen und Ehemann mit Sturzhelm, die über die Motorhaube eines PV 444 hinweg ihre Vorstellungen vom neuen Auto debattierten.

Aber die Akzente verschoben sich, das Thema Sicherheit gewann in der öffentlichen Diskussion an Bedeutung – eine Entwicklung, die Volvo (Stichwort Sicherheitsgurte oder die „Sicherheitskarosserie" des PV 444 von 1944) maßgeblich (und früh!) geprägt hatte. In den USA gelang es Verbraucheranwalt Ralph Nader sogar, Anfang der sechziger Jahre mit seinem Buch „Unsafe at any Speed" die Bestseller-Listen zu stürmen – und mit seinem Engagement letztlich die Heckmotor-Schleuder Corvair von Chevrolet zu Fall zu bringen... Die zusätzlichen Pfunde des P 140 gegenüber dem P 120 kamen also nicht von ungefähr: Definierte Knautschzone, integrierter Überrollbügel, vergrößerte Fensterflächen – dies und mehr trieben das Gewicht nach oben. Der Volvo als sicheres, „intelligentes" Familienauto hieß denn auch die Botschaft, die von den Werbestrategen kommuniziert wurde.

Volvo befand sich mit seinem konsequenten Eintreten für mehr Sicherheit plötzlich in der Rolle des Zauberlehrlings: Die Geister, die ich rief... Dabei galt „offizieller", also werkseitiger Motorsport jahrzehntelang als tabu beim schwedischen Hersteller (obwohl bereits 1949 ein PV 444 mit Ohlson/Carstedt/Cederholm unter der Startnummer 138 an der Rallye Monte Carlo teilnahm; im Jahr darauf war dieses Team wieder am Start und belegte dabei einen sehr guten 12. Rang). Erst als Gunnar Engellau am 13. August 1956 Volvo-Mitbegründer Assar Gabrielsson („no sports") als Präsident und Geschäftsführer der AB VOLVO ablöste, änderte sich dies: Der jüngere, „moderne" Engellau wusste um die positive Wirkung

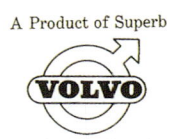

Pariser Abenteuer: 1972 starten die Teilnehmer des großen Sicherheitstests auf den Champs Elysées zu Paris

Irgendwo in Afrika: 140-Besatzung im 144er Volvo bei der East African Safari 1968 – mit Gegenverkehr

sportlicher Erfolge für's Image und damit für die Verkaufszahlen. Also gab er grünes Licht für ein Werksteam, unterstützte aber auch aussichtsreiche Privatfahrer. Dank des Potentials von Buckel und Amazon landeten die schnellen und robusten Schwedenmobile spektakuläre Siege: Gunnar Andersson wurde 1958 und 1963 Rallye-Europameister, Tom Trana 1964.

Aber die Stimmung kippte. Bei der Rallye Akropolis kamen 1966 zwei Serviceleute von Volvo ums Leben. Als eine große schwedische Tageszeitung in dicken Lettern „Stoppt Volvo" forderte – eine Schlagzeile, die Rallyefahrer Gunnar Andersson von Volvo-Boss Engellau buchstäblich unter die Nase gehalten bekam –, zog sich der schwedische Hersteller aus dem Motorsport zurück (beinahe jedenfalls, denn erst wurde der Volvo Competition Service und dann, 1978, Volvo R-Sport gegründet). Dass der Amazon gegen immer haarigere Konkurrenten an Boden verlor (und ihn ohnehin während seiner gesamten Sportkarriere Probleme mit den Antriebswellen, die bei hohem Leistungseinsatz gerne abscherten, plagten), dürfte diese Entscheidung erleichtert haben. Im neuen 140 sah Volvo offenbar keinen Ersatz für Amazon und Buckel.

Andere schon. Obwohl „unsportlicher" als seine erfolgreichen Vorgänger, hatte Volvos Neuer mit seiner aufwändigen Zweikreis-Bremsanlage (Scheiben an allen vier Rädern) und dem überarbeiteten Fahrwerk durchaus handfeste Vorzüge zu bieten. Es gab eine ganze Reihe von Sportfahrern, die dies ähnlich sahen; einer davon hieß Joginder Singh Bhachu, dessen Name für Volvo-Freunde auf ewig mit seinem Sieg bei der East African Safari von 1965 auf PV 544 verbunden bleibt. Dieser Staub-und-Schlagloch-Spezialist, der bereits 1959 an der abenteuerlichen, damals noch Coronation Safari genannten Langstrecken-Prüfung teilnahm, war meist mit Bruder Jaswant unterwegs – in sehr unterschiedlichem Gerät: VW Käfer, Fiat 2300 und Mercury Comet hießen die Fahrzeuge, mit denen das Brüderpaar über die Schlaglochpisten von Kenia, Uganda und Tansania pflügte. 1965 stieg der in Kenia geborene Jo, wie seine Freunde ihn nennen, auf Buckel und 122 S um – mit so herausragenden Ergebnissen wie eben dem Gesamtsieg 1965 oder einem dritten Rang 1966.

1969 saß Jo, inzwischen Volvo-Händler, wieder in einem Auto „seiner" Marke, diesmal in einem vom Werk vorbereiteten, aber privat gemeldeten und als Tourenwagen (Gruppe 2) homologiertem 142 S. Nicht Regengüsse mit Schlammschlachten auf ausgewaschenen Strecken (die „kleine Regenzeit" setzte meist mit Beginn der Safari ein) prägten in diesem Jahr die Veranstaltung, sondern glühende Hitze, Staub und schlechte Sicht – eine Herausforderung für Mensch und Maschine. Etwas war anders 1969: Da die East African Safari ab 1970 zum internationalen Rallye-Championat zählen sollte, marschierten mehr oder weniger offizielle Werks-Teams von Porsche, Ford, Saab, Datsun oder Lancia auf, mit Spitzenfahrern wie Rauno Aaltonen, Zasada oder Vic Preston. Genützt hat es wenig, denn wieder hatten die Einheimischen, die einfach mit den Gegebenheiten besser zurecht und mit dem Material sorgsamer umgingen, die Nase vorn. Aaltonen/Liddon etwa beendeten die Wettfahrt in ihrem Lancia auf Rang Neun, „die schlechte Sicht im Staub und die körperliche Überforderung ließen sie um einige Plätze zurückfallen", wusste Georg Bohländer (ams 9/1969); außerdem sprangen bei den Fulvia Coupés wegen ihrer weichen Karosseriestruktur die Frontscheiben heraus. Beäugt von Giraffen, Antilopen und anderem wilden Getier, fuhren unsere indisch-stämmigen Freunde Singh/Bhardwaj als Lohn der Strapazen schließlich auf den zweiten Platz im Gesamtergebnis. Danach wechselte Singh die Marke und beendete 1980 seine Safari-Karriere. Bei 22 Starts schaffte er 19 Platzierungen – ein Rekord!

1971 ging erneut ein 142 S an den Start: Söderström/Palm, vorher noch im Ford 20m aktiv, pilotierten ihr Schwedenmobil auf Platz 19 (ein Amazon wurde 25.). Dann war Schluss – bis vom 11. bis 19. Dezember 2003 zum 50jährigen Jubiläum geblasen wurde. Wieder war ein 142 S mit Bo Axelsson und Eugen Darmstedt im Cockpit dabei – der sich tapfer schlug und trotz eines Hinterachsschadens auf Platz 17 die Ziellinie passierte.

Nicht in der Hitze Ostafrikas, sondern im kühlen Norden fühlte sich ein anderer 140-Pilot wohl: Per-Inge „PI" Walfridsson. Der Schwede, der seine Laufbahn 1969 auf

Ein 140er bei einem Eisrennen in Schweden – irgendwann in den frühen siebziger Jahren

Große Sprünge: Das Team Huhtasalo/Pietilä bei der Rallye Arctic, die vom 2. bis 4. Februar 1973 in Finnland stattfand

Bühne für junge Talente wie für alte Hasen: der Volvo Cup, der von 1972 bis 1976 in Schweden, Dänemark und Finnland ausgetragen wurde

einem Amazon begann, machte sich einen Namen als Rallye- und vor allem Rallyecross-Pilot, holte sich 1977 und 1979 die schwedische Rallyecross-Meisterschaft und wurde 1980 Rallyecross-Europameister; alle diese Erfolge erzielte er auf einem hochgerüsteten Volvo 340. Aber „PI" hetzte auch einen 140 durch unwegsames Gelände – und half dem behäbig wirkenden „Container" buchstäblich auf die Sprünge. Zu den erwähnenswerten Resultaten dieses „neuen Star im Volvo", wie das Fachblatt „Rallye Racing" (1/1973) lobte, waren etwa ein vierter Rang im Gesamtklassement der hochkarätig besetzten englischen RAC-Rallye im Dezember 1973. Und warum stieg er vom P 120 auf den P 140 um? Dazu Walfridsson, der den einen wie den anderen fliegen ließ: „Das war ein fast natürlicher Schritt, da im massigeren 140er eben auch viel Entwicklungsarbeit steckte, die sich etwa in einer besseren Bremsanlage ebenso äußerte wie in einer viel robusteren Hinterachse" („PI" am 16. August 2004 zu den Verfassern dieses Buchs).

Sportsfreund Adam, auf der Rundstrecke im 144 unterwegs

82 Volvo 140 bis 260

Andere erfolgreiche 140-Bändiger hießen Alén/Toivonen, die bei der finnischen Arctic Rallye (2. bis 9. Februar 1973) den zweiten Gesamtrang belegten. Aber diese guten Resultate waren einzelne Achtungserfolge – der zunehmenden Spezialisierung auf Rundstrecke wie Rallyekurs hatten die 140-Modelle längst Tribut zollen müssen: Gegen Autos wie BMW 2002, Renault-Alpine A 110 oder Ford Escort BDA bzw. RS war kein schwedisches Kraut gewachsen.

Dafür legte der Volvo 240 Mitte der achtziger Jahre eine sensationelle Erfolgsbilanz hin – weniger auf dem Schotter der Rallye- oder Crosspisten (obwohl auch hier der mittlerweile „alte Schwede" flott bewegt wurde), sondern auf der Rundstrecke: 1985 holte der zweitürige 240 Turbo für Volvo sowohl die Tourenwagen-Europameisterschaft wie die Deutsche Meisterschaft der Produktionswagen. Vor allem der Titel bei den Tourenwagen, beim European Touring Car Championship (ETC), sorgte für Furore. Ermöglicht wurde er durch eine Änderung des Reglements. Um Tourenwagen-Sport bei Publikum wie Herstellern wieder attraktiv zu machen, kamen 1983 statt der auch optisch hochgerüsteten Gruppe-2-Renner erstmals seriennahe Gruppe-A-Fahrzeuge zum Einsatz: Aerodynamische Hilfsmittel waren weitgehend, Kotflügelverbreiterungen komplett verboten – für die Zuschauer sollte der Wiedererkennungswert mit Autos aus dem Straßenverkehr gegeben sein. Auch leistungssteigernde Maßnahmen hielten sich in engen Grenzen – dabei haperte es beim

240er genau an der Motorleistung. Wegen des Turboladers musste der Hubraum der „Kohlenkiste", wie Mitbewerber den 240 bald spöttisch-ehrfurchtsvoll nannten, mit 1,4 multipliziert werden – und das Auto damit in der großen Division gegen BMW 635 CSi Coupé (ca. 290 PS) und Jaguar XJS Coupé (ca. 380 PS) antreten; klar, dass die beiden privat eingesetzten Autos mit dem rund 230 PS starken B 21 ET-Motor auf verlorenem Posten standen.

Aber dann! In der 1983er Saison unter „ferner liefen" notiert, mauserten sich die 240er zu echten Konkurrenten der Platzhirsche: Konnten die Schweden 1984 zunächst nur einige Duftmarken setzen – wie etwa beim zehnten Lauf zur Tourenwagen-EM in Silverstone am 8. und 9. September, wo drei 240 die Plätze fünf, sechs und sieben beleg-

Auch Jacky Ickx, jahrelang eine fixe Größe im internationalen Rennsport, sammelte auf einem 140er Erfahrungen

Ob Rundstrecke, Eisrennen, Rallye oder Rallyecross: Der 140 erwies sich als konkurrenzfähig, vor allem mit Könnern wie „PI" Walfridsson am Volant

ten –, so begann 1985 das große Abräumen: Mit dem „Turbo Plus", wie er intern hieß, avancierte 240 zum Seriensieger und feierte mit den privaten, aber von Volvo gesponsorten Teams Eggenberger und Magnum im schwedischen Anderstorp, im tschechischen Brünn und im österreichischen Zeltweg sogar Doppelsiege; vor allem die italienisch-schwedische Paarung Brancatelli/Lindström setzte mit Spitzenplätzen Maßstäbe. Außerdem wurden je drei Siege bei der deutschen, der portugiesischen sowie der australisch/neuseeländischen Meisterschaft eingefahren.

Leider kann der Bravste nicht in Frieden siegen, wenn es dem „bösen" Konkurrenten nicht gefällt. So begannen die anderen Teams spätestens beim vierten Tourenwagen-EM-Lauf in Anderstorp (sport-auto titelte seine Geschichte in Heft 6/1985 treffend „Schweden-Punch") zu murren. Warum, fragten sie sich, ist der „aufgeladene" 240er plötzlich so schnell? Weil mit maximalem Ladedruck unterwegs, hieß eine Erklärung; weil nicht regelkonform, die andere. Denn nur mittels des großen Turboladers, der dank Ladeluftkühler und Wassereinspritzung hohe Leistung mit Zuverlässigkeit verband, gaben die Volvos plötzlich den Ton an, vom strittigen Heckflügel gar nicht zu reden... Das Zauberwort hieß „Evolution": Gruppe-A-Autos erhielten nach dem Reglement der FISA (Fédération Internationale Sport Automobile) dann ihre Homologation, wenn innerhalb von 12 Monaten 5.000 identische Fahrzeuge entstanden. Dies galt für die 1983er Basisversion des 240 Turbo. Aber, auch dies sah das Regelwerk vor, es gab die Möglichkeit zur Weiterentwicklung, eben die sogenannte Evolution. Voraussetzung hierfür war, dass der betreffende Hersteller 500 Exemplare dieses sogenannten Evolutions-Modells fertigte und zum Verkauf anbot. Der schwedische Hersteller kam dieser Vorschrift nach – mit jenem Volvo 242 Turbo Intercooler „Special Edition"; von diesen 500 Exemplaren griff die FISA 23 Stück heraus, prüfte sie, und nahm sie im August 1983 als regelkonform ab.

Eine große deutsche Autozeitschrift hatte Gelegenheit, ein solches Evo1-„Turbo Plus"-Modell zu fahren. Sie zeigte sich vom gutmütigen Motor des Renngeräts beeindruckt, obwohl der 2,1-Liter-Vierzylinder 330 PS bei 5.800 Touren mobilisierte und mit einem maximalen Ladedruck von 1,45 bar operierte. Eine mechanische Benzineinspritzung (Bosch K-Jetronic), ein Turbolader von Garret samt elektronisch geregelter Wassereinspritzung (Flüssigkeitsreservoir: 30 Liter) und Ladeluftkühler sowie eine Verdichtung von 7,2:1 waren die wichtigsten Merkmale dieses

Zweiter Frühling: 1985 erwies sich der 240 Turbo als Seriensieger und bescherte Volvo – etwa mit den Fahrern Brancatelli, Lindström, Dieudonné und Müller – die Tourenwagen-Europameisterschaft. Kompliment!

Hochleistungsaggregats. Kampfgewicht des fahrfertigen Autos: 1.165 kg (ams 12/1985).

Also alles bestens? Auf der Rennstrecke schon, am berühmten „grünen Tisch" ganz und gar nicht. Nach der Abnahme durch die FISA entfernte der schwedische Hersteller „im Nachhinein... bei den restlichen 477 Autos Ladeluftkühler, großen Turbolader und Wassereinspritzung. Laut FISA-Reglement ist dagegen nichts einzuwenden" (sport-auto 8/1985). Die Konkurrenz sah das anders; Teamchef Tom Walkinshaw, selbst gebranntes Kind (seine schnellen Jaguar XJS sahen sich in der Vorsaison ebenfalls Protesten ausgesetzt), rief die FISA an – die daraufhin plötzlich bezweifelte, dass die Autos in jener von ihr inspirierten Entwicklungsstufe verkauft worden waren. Aber Volvo konterte, konnte nachweisen, dass genau dies der Fall war. Und wurde Tourenwagen-Europameister... Aber das Gezerre ging in der Saison 1986 weiter. Volvo siegte – und Tom Walkinshaw protestierte. Diesmal mit Erfolg: Der Volvo-Triumph in Anderstorp wurde ebenso annulliert wie der Doppelschlag im österreichischen Zeltweg. Damit zeigte die Erfolgskurve des 240 in Sachen Motorsport nach unten, andere Bewerber, nicht zuletzt aus dem Hause Volvo, drängten in den Vordergrund.

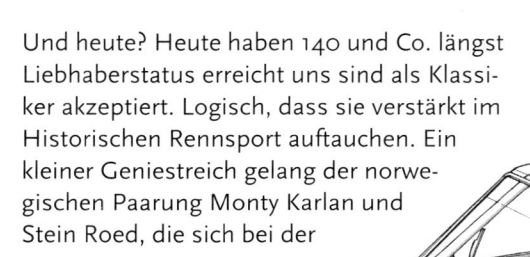

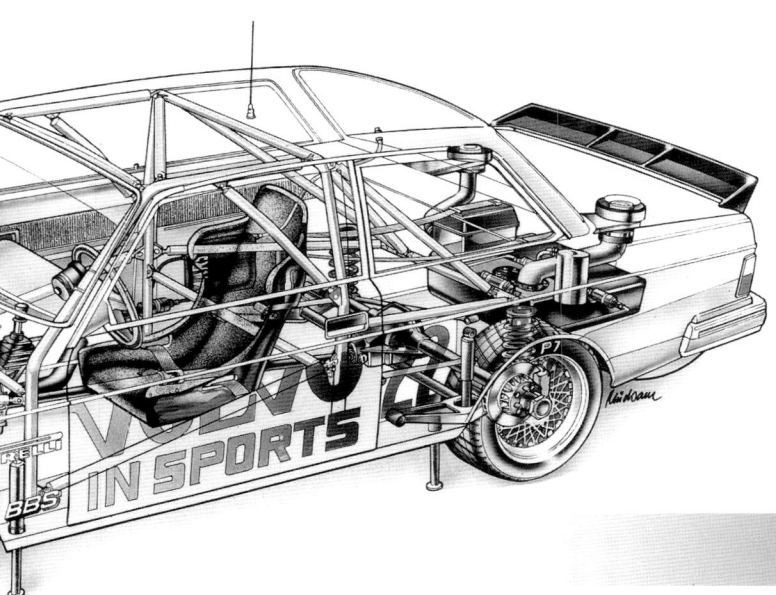

Und heute? Heute haben 140 und Co. längst Liebhaberstatus erreicht uns sind als Klassiker akzeptiert. Logisch, dass sie verstärkt im Historischen Rennsport auftauchen. Ein kleiner Geniestreich gelang der norwegischen Paarung Monty Karlan und Stein Roed, die sich bei der

Tatort Estering, 19. und 20. Juni 2004: Die Teilnehmer des Volvo Original Cup geben Gas – und erweisen sich als unermüdliche Quertreiber...

Forever young? 240 von Ole Beck im Kreise seiner Spielgefährten

Anfang 2004 ausgetragenen Rallye Monte Carlo Historique in ihren hellblauen 142 S auf den ersten Platz schieben – und diesen bis ins Ziel verteidigen konnten.

Wer seinem 240 wettbewerbsmäßig die Sporen geben will, engagiert sich im Volvo Original Cup, einer 1989 eingeführten Rennserie, die sich im skandinavischen Raum großer Popularität erfreut. Keimzelle war der 1972 entstandene, eigens auf den P 140 zugeschnittene Volvo Cup, dessen Grundanliegen noch heute gilt: Seinen Teilnehmern Gelegenheit zu geben, möglichst preiswert „echten", also „vergleichbaren" Motorsport zu treiben – bei dem nicht ein superteures Renngerät, sondern fahrerisches Können im Vordergrund steht. In Schweden, wo mehrere hundert Fahrzeuge registriert sind, zählen Rallyes ebenso wie Berg-, Eis- und Rundstreckenrennen zum Programm; Rallyecross gehört zur Zeit nicht dazu (was sich aber demnächst ändern wird, wie Kenner der Szene vermuten). Zur Zeit in Norwegen, Holland und Deutschland (bald vermutlich auch in Belgien) wird ebenfalls um den Volvo Original Cup gefahren – hierzulande augenblicklich nur Rallyes. Unterteilt in Anfänger (A-) und erprobte B-Fahrer, lautet der erste Satz des Reglements: „Volvo Original Cup ist gedacht als ein Wettbewerb für serienmäßige Autos". Entsprechend eng sind die zulässigen Modifikationen gefasst: Zwei- und Viertürer der 2er-Serie sowie Viertürer der 7er- und 9er-Serie dürfen eingesetzt werden, bei 2er und 7er sind B 23 E- bzw. B 230 F-Motoren mit (nachgerüstetem) Katalysator obligatorisch. Ein Turbolader ist nicht zulässig, dafür ist mildes Tuning des Motors – das Auswiegen von Kolben und Pleuel sowie das Feinwuchten der Kurbelwelle ist erlaubt, nicht aber das Bearbeiten der Kanäle – wie des Fahrwerks erlaubt, ein Überrollkäfig vorgeschrieben. Als oberste nationale Instanz fungiert der Deutsche Motor Sport Bund (DSMB) in Frankfurt (früher ONS).

Schneller, schöner, praktischer

Tuning...

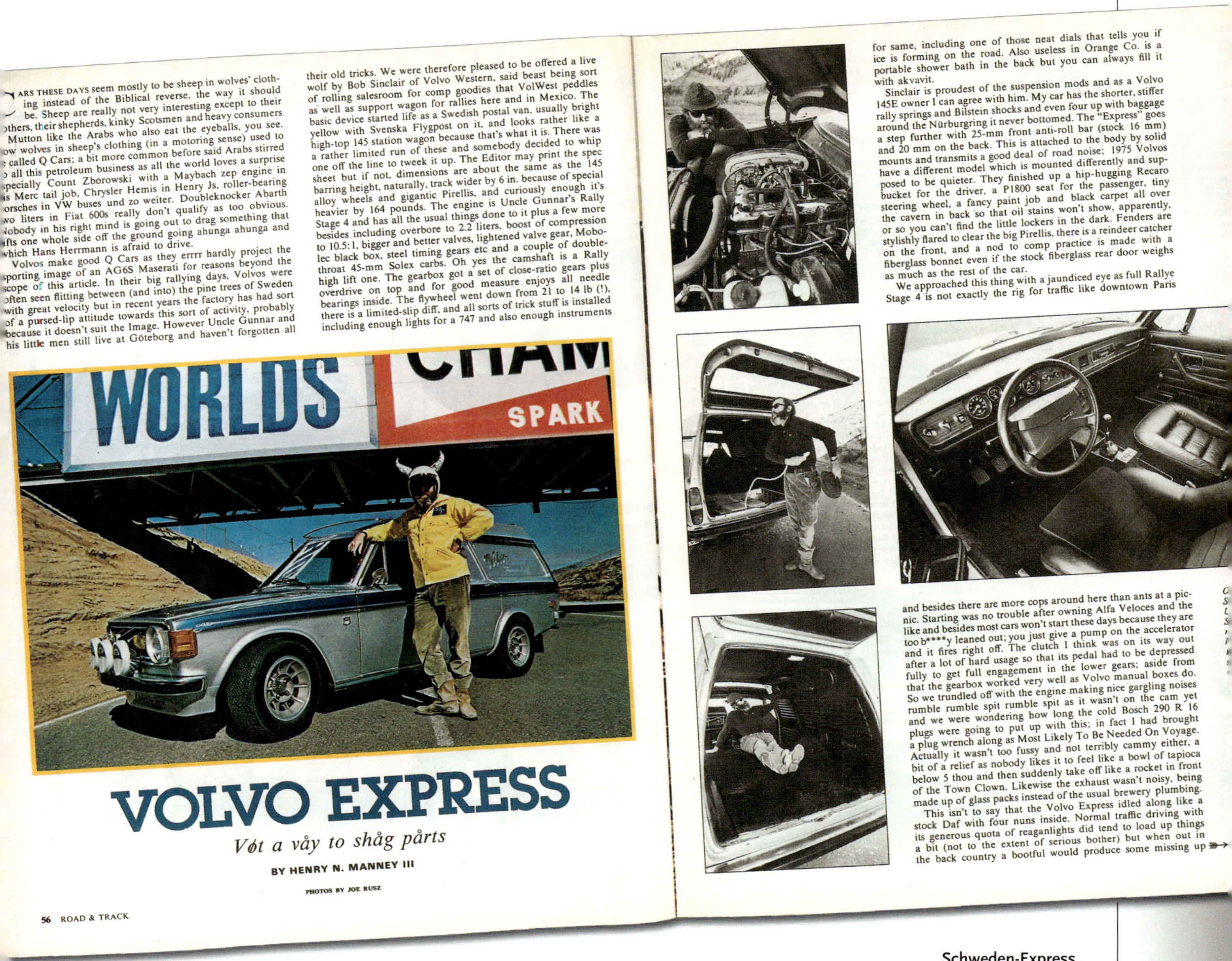

CARS THESE DAYS seem mostly to be sheep in wolves' clothing instead of the Biblical reverse, the way it should be. Sheep are really not very interesting except to their others, their shepherds, kinky Scotsmen and heavy consumers specially like the Arabs who also eat the eyeballs, you see. Mutton like the Arabs who also eat the eyeballs (in a motoring sense) used to be called Q Cars; a bit more common before the world loves a surprise specially Count Zborowski with a Maybach zep engine in all this petroleum business as all the world loves a surprise as Merc tail job, Chrysler Hemis in Henry Js, roller-bearing Porsches in VW buses und zo weiter. Doubleknocker Abarth two liters in Fiat 600s really don't qualify as too obvious. Nobody in his right mind is going out to drag something that lifts one whole side off the ground going ahunga ahunga ahunga which Hans Herrmann is afraid to drive.

Volvos make good Q Cars as they errrr hardly project the sporting image of an AG6S Maserati for reasons beyond the scope of this article. In their big rallying days, Volvos were often seen flitting between (and into) the pine trees of Sweden with great velocity but in recent years the factory has had sort of a pursed-lip attitude towards this sort of activity, probably because it doesn't suit the Image. However Uncle Gunnar and his little men still live at Göteborg and haven't forgotten all their old tricks. We were therefore pleased to be offered a live wolf by Bob Sinclair of Volvo Western, said beast being sort of rolling salesroom for comp goodies that VolWest peddles as well as support wagon for rallies here and in Mexico. The basic device started life as a Swedish postal van, usually bright yellow with Svenska Flygpost on it, and looks rather like a high-top 145 station wagon because that's what it is. There was a rather limited run of these and somebody decided to whip one off the line to tweak it up. The Editor may print the spec sheet but if not, dimensions are about the same as the 145 barring height, naturally, track wider by 6 in. because of special alloy wheels and gigantic Pirellis, and curiously enough it's heavier by 164 pounds. The engine is Uncle Gunnar's Rally Stage 4 and has all the usual things done to it plus a few more besides including overbore to 2.2 liters, boost of compression to 10.5:1, bigger and better valves, lightened valve gear, Mobolec black box, steel timing gears etc and a couple of doublethroat 45-mm Solex carbs. Oh yes the camshaft is a Rally high lift one. The gearbox got a set of close-ratio gears plus overdrive on top and for good measure enjoys all needle bearings inside. The flywheel went down from 21 to 14 lb (!), there is a limited-slip diff, and all sorts of trick stuff is installed including enough lights for a 747 and also enough instruments for same, including one of those neat dials that tells you if ice is forming on the road. Also useless in Orange Co. is a portable shower bath in the back but you can always fill it with akvavit.

Sinclair is proudest of the suspension mods and as a Volvo 145E owner I can agree with him. My car has the shorter, stiffer rally springs and Bilstein shocks and even four up with baggage around the Nürburgring it never bottomed. The "Express" goes a step further with 25-mm front anti-roll bar (stock 16 mm) and 20 mm on the back. This is attached to the body by solid mounts and transmits a good deal of road noise; 1975 Volvos have a different model which is mounted differently and supposed to be quieter. They finished up a hip-hugging Recaro bucket for the driver, a P1800 seat for the passenger, tiny steering wheel, a fancy paint job and black carpet all over the cavern in back so that oil stains won't show, apparently, or so you can't find the little lockers in the dark. Fenders are stylishly flared to clear the big Pirellis, there is a reindeer catcher on the front, and a nod to comp practice is made with a fiberglass bonnet even if the stock fiberglass rear door weighs as much as the rest of the car.

We approached this thing with a jaundiced eye as full Rallye Stage 4 is not exactly the rig for traffic like downtown Paris and besides there are more cops around here than ants at a picnic. Starting was no trouble after owning Alfa Veloces and the like and besides most cars won't start these days because they are too b****y leaned out; you just give a pump on the accelerator and it fires right off. The clutch I think was on its way out after a lot of hard usage so that its pedal had to be depressed fully to get full engagement in the lower gears; aside from that the gearbox worked very well as Volvo manual boxes do. So we trundled off with the engine making nice gargling noises rumble rumble spit rumble spit as it wasn't on the cam yet and we were wondering how long the cold Bosch 290 R 16 plugs were going to put up with this; in fact I had brought a plug wrench along as Most Likely To Be Needed On Voyage. Actually it wasn't too fussy and not terribly cammy either, a bit of a relief as nobody likes it to feel like a bowl of tapioca below 5 thou and then suddenly take off like a rocket in front of the Town Clown. Likewise the exhaust wasn't noisy, being made up of glass packs instead of the usual brewery plumbing.

This isn't to say that the Volvo Express idled along like a stock Daf with four nuns inside. Normal traffic driving with its generous quota of reaganlights did tend to load up things a bit (not to the extent of serious bother) but when out in the back country a bootful would produce some missing up

VOLVO EXPRESS

Vøt a våy to shåg pårts

BY HENRY N. MANNEY III

PHOTOS BY JOE RUSZ

Schweden-Express, nicht ganz seriennah: Kombi mit ausgeprägtem Vorwärtsdrang

Herrliche Zeiten! Wer in den sechziger Jahren Volvo fuhr, war schnell, sicher und auf Wunsch sogar sehr sportlich unterwegs: Volvo Deutschland offerierte mit dem 122 SR ein echtes Sportgerät, das mit leistungsgesteigertem 128 PS-Triebwerk auftrat und, zunächst serienmäßig, dann auf Wunsch, mit Sperrdifferenzial, Schalensitz und Speed-Pilot bestückt werden konnte. 185 km/h schnell und 12.950,– Mark (1966) teuer, erwies sich dieser 122 SR – das R stand für „Rennen" oder „Rallye", so genau weiß man das nicht – als wirklich gutes Angebot; Sportfahrer mit Lizenz erhielten 10 Prozent Nachlass.

„Serienmäßig" stand der 140er nicht in solch brisanter Ausführung bereit. Wer mehr wollte, musste sich an Tuner wenden. Auswahl war da, vor allem natürlich in Schweden, aber etwa auch in England, wo sich die

K. N. Rudd (Engineers) Ltd. in Worthing, Sussex, als Dampfmacher („Ruddspeed") betätigte. In den USA, stets ein „sportlicher" Markt, war (und ist) ipd aus Portland, Oregon, als Lieferant vor allem von Fahrwerkkits seit Jahrzehnten sehr erfolgreich. Bei uns gab es etwa die Firma Berger in Bayreuth, die (wie alle Tuner) einen Stufenplan des Schnellermachens anbot: 120 PS kosteten beispielsweise 1.268,– Mark und wurden hauptsächlich mittels eines Zylinderkopfs mit bearbeiteten Brennräumen, einer D-Nockenwelle sowie größeren Einlassventilen (neben anderen Maßnahmen wie einem speziellen Auspuffkrümmer eigener Fertigung) erzielt; ein Ölkühler schlug mit 245,– Mark zu Buche. Dafür erhielt der Kunde ein optisch unverändertes 175 km/h-Automobil, das gesteigerten Fahrspaß bei guter Zuverlässigkeit versprach.

Powerpaket aus dem R-Sport-Sortiment: B 20 Special I mit 140 PS

R-Sport-Tuningteile

Tuning oder Customizing? Rover V8 im Volvo 142

Eine noch schärfere Version mit rund 135 PS setzte auf zwei Weber-Doppelvergaser vom Typ DCOE 42, war aber erst ab 1969, nach einer Änderung des Gruppe-2-Reglements, für den Motorsport zulässig. In den USA schließlich hatte Henry N Manney III, seines Zeichens Redakteur des Fachblatts „Road & Track", die Ehre und das Vergnügen, einen nicht mehr ganz taufrischen Volvo 145 Express des Jahrgangs 1973 über den Riverside Raceway zu treiben. Das piekfein aufgemachte Gerät sorgte für zünftige Rundenzeiten – schließlich leistete sein auf 2,2 Liter aufgebohrter B 20 satte 186 DIN-PS bei 6.250 Touren. Henry N. Manney der Dritte (soviel Zeit muss sein) zeigte sich jedenfalls tief beeindruckt von der silbernen Fahrmaschine mit den blauen Streifen („Road & Track" 3/1976).

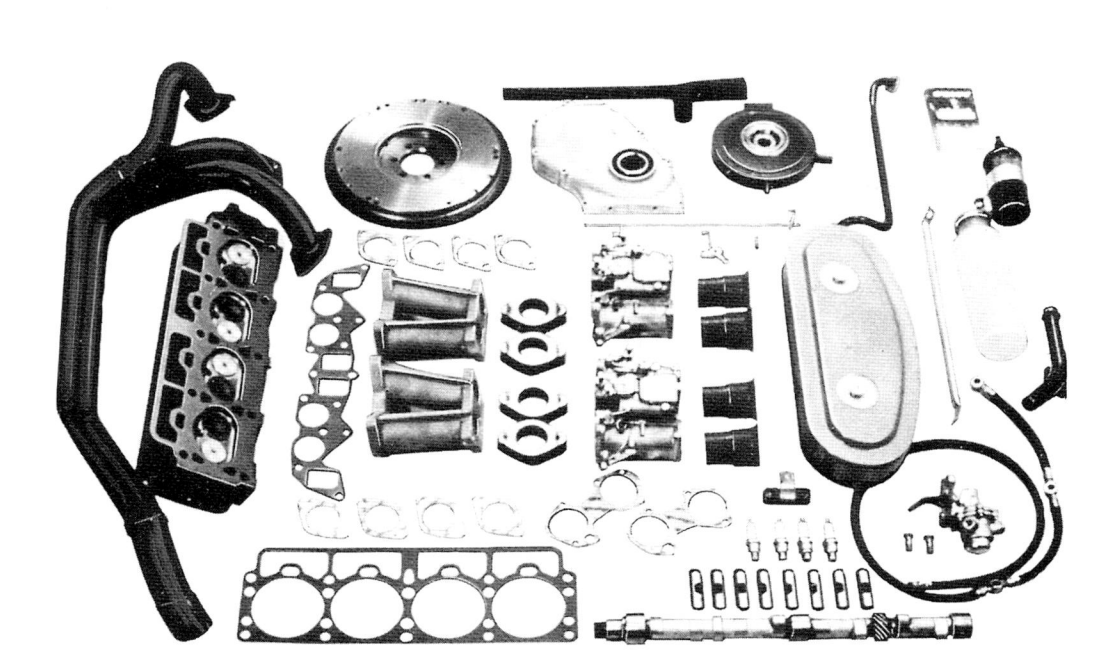

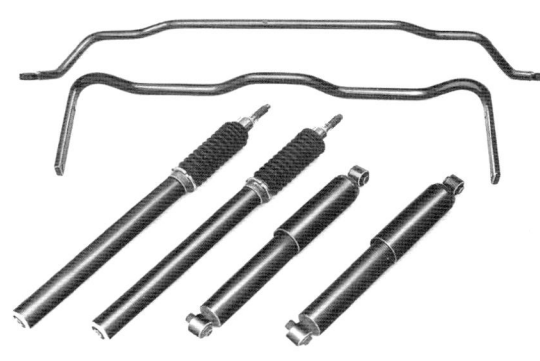

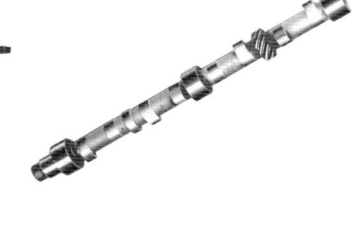

Der nicht von einem „fremden" Tuner auf Trab gebracht worden war, sondern von der AB VOLVO selbst: Der schwedische Hersteller offerierte ein umfangreiches Angebot, um seine Autos schneller, schöner und praktischer zu machen. Für's Schnellermachen waren Volvo Competition Service und, ab 1978, Volvo R-Sport zuständig, wobei die Vierzylinder (die Stoßstangen- wie die ohc-Aggregate) im Mittelpunkt standen. So gab es lange Zeit vier Leistungssätze (Stage I–IV), die bei der erwähnten, eben im 122 SR eingesetzten 128 PS-Version begannen und sich im R-Sport-Katalog von 1982 auf drei Kits reduziert hatten; erstaun-

Lässt keine Leistungswünsche offen: das Angebot von R-Sport

Optisches wie technisches Tuning gab es auch für die 240er-Baureihe

lich, dass für den B 20 überhaupt noch Tuningteile angeboten wurden – schließlich führte Volvo seit dem Modelljahr 1977 keinen Personenwagen mit diesem unverwüstlichen Graugussklotz im Programm. Als zahmste Ausführung fungierte der B 20 Special I mit 140 DIN-PS bei 6.000 U/min; als Rallyemotor wurde der B 20 Special III bezeichnet, der es bei unverändertem Hubraum auf satte 170 DIN-PS brachte (bei welcher Drehzahl wurde taktvoll verschwiegen; warum potenzielle Käufer beunruhigen?). Aufgebohrt auf 2,2 Liter Hubraum, waren 180 DIN-PS drin. Dabei handelte es sich um einen reinen Wettbewerbsmotor für Rallyecross oder Rundstrecke, der sich auch im Alltag fahren ließ: Versehen mit speziellen Bremsbelägen und modifiziertem Fahrwerk (etwa vorne kürzere und hinten progressive Federn), erhielt dieser Kraftprotz sogar den Segen des schwedischen TÜV! Auf öffentliche Straßen mochten deutsche Behörden ein solches Gefährt freilich nicht lassen...

Hochgerüstet: Vierventiltechnik für die ohc-Motoren

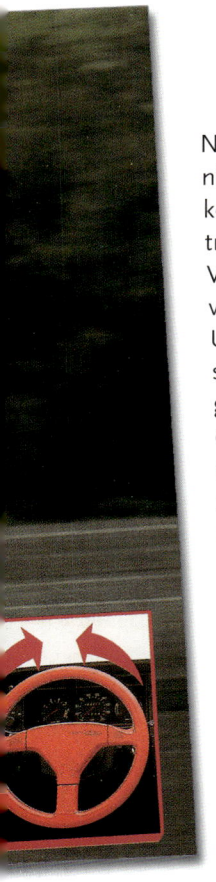

Natürlich gab es diese „goodies" nicht nur im Paket: Ein Zylinderkopf mit überarbeitetem Ventiltrieb (größere Ventile, Wizeman-Ventilheber), diverse hartverchromte K-, R-, F-, S- und U-Nockenwellen (270 bis 300°), spezielle Stößelstangen, geschmiedete Mahlekolben, erleichtertes Stahlstirnrad (mit einem auf Simmerring umgerüsteten Stirnraddeckel), erleichtertes Schwungrad, üppiger dimensionierte Kupplung, zwei Solex-Doppelvergaser 45 ADDHE, doppelte elektrische Benzinpumpen, Ölkühler, Sportauspuff mit Fächerkrümmer – an Entfaltungsmöglichkeiten mangelte es nicht. Klar, dass besonders der Zylinderkopf in Special III-Ausführung (2,2 Liter) umfangreiche Modifikationen erfuhr – durch hochqualifizierte Spezialisten und viel Handarbeit. So wurden die Ein- und Auslasskanäle des Zylinderkopfs ausgedreht und geglättet, die Ventilsitze bearbeitet und mit polierten, größeren Ventilen versenkt eingeschliffen; die Brennräume wurden ausgefräst und poliert. Die Motorkur war damit noch nicht beendet: Die Pleuel wurden erleichtert, feingewogen (um Resonanzschwingungen zu verhindern) und poliert (zur Erhöhung der mechanischen Widerstandsfähigkeit), die Kurbelwelle feingewuchtet; speziell eingepasste Haupt- und Pleuellager rundeten die Arbeiten an einem solchen tävlingsmotor ab. Vergrößert auf 2,4 Liter Hubraum und aufgeputscht auf weit über 200 PS, sind diese Motoren übrigens unverdrossen im Motorsport – etwa beim Rallyecross – unterwegs.

Das Schnellermachen betrifft aber nicht nur das Triebwerk, sondern auch und gerade die Peripherie. Deshalb bot Volvo R-Sport ein M40-Getriebe mit enger gestuften Gängen, optimierte Bremsen, kürzere und härtere Federn, andere Stoßdämpfer, Stabikit, Sperrdifferenzial, außerdem Alufelgen, Lederlenkräder, Zusatzlampen und -instrumente. Der Übergang zwischen sportlichem Wettbewerb und Alltagseinsatz erwies sich oft als fließend; so war und ist etwa das erst

Für sportlich ambitionierte 140-Fahrer: Sportlenkrad und Rundinstrumente aus dem Zubehörkatalog

Runde Sachen statt Bandtacho: Das heute gesuchte Zusatzinstrument, hier mit fünf Uhren

Aufgesetzt: Der Smith-Drehzahlmesser auf dem Armaturenbrett

Volvo 140 bis 260   91

mit vier, später sogar mit sechs Uhren bestückte „GT Instrument" ein gesuchtes Zubehör.

Zum Frisieren, wie es damals hieß, eigneten sich die 1974 eingeführten ohc-Motoren viel besser als die Stoßstangen-Aggregate mit ihrer untenliegenden Nockenwelle. Also fanden Motorsportler auch für Triebwerke der neuen Generation ein umfangreiches Angebot an „klassischen" Tuningzutaten (wie oben beschrieben) vor, das in einem Rennmotor mit zwei obenliegenden Nockenwellen und 16 Ventilen gipfelte. Während als Ausgangsbasis der Standardblock eines B 19 diente (ein extrem dickwandiger Block war gefragt), handelte es sich beim Zylinderkopf um eine komplette Neuentwicklung. Für den Einsatz bei Rallyes und Rundstreckenrennen gedacht, mobilisierte dieser Treibsatz rund 230 PS bei 7.200 bis 7.500 U/min.

Gleichzeitig konzentrierte sich Volvo auf den Einsatz von Turboladern: „So verwandelst Du Deinen Volvo in einen Volvo Turbo", machte ein R-Sport-Katalog seiner tatendurstigen Kundschaft den Mund wässrig. Und versprach einem mit dem Turbo-Nachrüstsatz bestückten B 21 A-Triebwerk eine Lei-

Volvo 142 Gran Turismo – in Deutschland nur aus dem Zubehörkatalog

Begehrtes Zugfahrzeug, auf Wunsch mit Alufelgen: der Volvo 140

2 x 5,5-Zoll-Stahlräder mit 25 mm Einpresstiefe: links die seltene Serienfelge des 164, Modelljahr 1975, rechts die bekanntere Kronprinz-Felge

stung von 140 PS, bei einem um 30 Prozent gewachsenen Drehmoment. Im Lauf der Zeit auch für B 23, 200 K, 230 A sowie 230 K lieferbar, wurde die einfache Montage des für Autos mit Schaltgetriebe lieferbaren Kits hervorgehoben. Später war mit dem „Turbo Plus"-Satz sogar eine Leistungssteigerung für Fahrzeuge mit B 230 FT-Motoren ab Modelljahr 1990 möglich: Mittels elektronischer Aufrüstung wurde der Ladedruck des Turbos – und mit ihm die PS-Zahl auf 190 bei 5.600 U/min – erhöht.

Die durchschlagendste Lösung, einem „alten Schweden" nachhaltig auf die Sprünge zu helfen, kommt aus den USA: Dort wird einfach ein Chevy-V8 small-block in den 240er gehängt! Wie das gemacht wird, verrät Mike Knell in seinem Buch mit dem Titel „Volvo 200 Series V-8 Conversion Manual". Vielleicht eine Idee für lange Winterabende...

Kinder sind gut aufgehoben – im Volvo Kindersitz

Für Großfamilien wird der Volvo Kombi auf Wunsch zum Kleinbus

Breit gefächertes Angebot, zu dem ein Kühlergrill mit integrierten Zusatzlampen zählte

...und Zubehör

Beinahe rührend nimmt sich das Volvo Originalzubehör der frühen 140-Jahre aus: Schonbezüge im rot-schwarzen Schottenmuster, Kuscheldecken, Radzierblenden und Glühlampensatz – die Ansprüche waren bescheidener damals! Sogar die originale Schneeschaufel war erhältlich. Immerhin muss der AB VOLVO zugute gehalten werden, dass selbst beim Zubehör Wert auf Sicherheit gelegt wurde: Sicherheitsgurte im Fond, nachrüstbare Kopfstützen (die, sehr clever, in bereits in der Lehne vorgesehene Befestigungslöcher sicher verankert wurden), Kindersitz. Sogar einen Heckwischer für den 145 gab es. Im Lauf der Zeit mauserten sich die dünnen Zubehörhefte zu immer stattlicheren Broschüren, verbreiterte sich das Angebot kontinuierlich. Bis spätestens seit den achtziger Jahren ausgewachsene Kataloge im DIN-A4-Format lockten. Die Kuscheldecke allerdings suchte man vergebens!

Attraktiv: Volvo 142 GT im finalen Ausbaustadium, sogar mit Dunlop-Rädern

Kaufberatung
Schwedenstahl, rostfrei?

Karosserie

Ist Rost bei der unterschiedlichen Vertretern von P 140, 164, 240 und 260 überhaupt ein Thema, wo Volvo doch schon beim 140 gründlich vorsorgte und diese Vorsorge kontinuierlich verbesserte? Leider schon, denn selbst verzinkte Bleche an Aufbau und Bodengruppe, mit Polyester beschichtete Türschweller sowie eine ins Elektrophorese-Bad getauchte und anschließend mit Unterbodenschutz behandelte Rohkarosserie sind dem Zahn der Zeit nicht dauerhaft gewachsen, bei mangelnder Pflege schon gar nicht. Dazu kommt, dass besonders Mitte/Ende der siebziger Jahre die Qualität der verbauten Bleche allgemein zu wünschen übrig ließ. Außerdem entstanden die Autos nicht nur in den schwedischen Werken Kalmar und Torslanda, sondern wurde auch im belgischen Gent montiert – leider weniger gewissenhaft, was sich ebenfalls ungünstig auf ihre Lebensdauer auswirkt. Trotzdem: Volvos kantig-markante Mobile sind widerstandsfähig und langlebig, wovon sich Schweden-Urlauber immer wieder überzeugen können.

Schon der erste Eindruck sagt viel über den jeweiligen Prüfling: Macht das Auto einen insgesamt guten und gepflegten Eindruck – oder wurde hier und da mit begrenzten Mitteln nachgearbeitet? Deuten schlechte Spaltmaße auf Unfallschäden (auf alle Fälle aber auf ausgeschlagene Türscharniere) hin? Da das Top-Garagenauto des umsichtigen, heute älteren Herrn meist ein Traum bleiben wird, widmen Sie sich bitte zunächst der Motorhaube, die bei älteren Kandidaten gerne in Kanten und Falze rostet, dann der eingeklebten Windschutzscheibe. Ist sie im Blickfeld des Fahrers beschädigt, spielt der TÜV bei der nächsten Abnahme nicht mit. Ersatz ist zwar problemlos zu haben – nur tut sich, etwa bei frühen 240ern mit Edelstahlzierrahmen, beim Herausnehmen der Scheibe meist eine neue Baustelle auf: Eingedrungene Feuchtigkeit hat die Stehbleche verrotteten und die Spritzwand gammeln lassen. Dass Sie anschließend die Türen eine nach der anderen öffnen, ist Ehrensache; sind die Türfalze okay und die Ablauflöcher in den Türen frei, hat sich der Verkäufer Pluspunkte verdient. Was auch für

Rohbau, rostgeschützt: Die nackten Volvo-Karossen wurden stets gründlich gegen Korrosion behandelt, bevor sie zum Lackierer kamen

Erste Einblicke: „Röntgenbild" eines ganz frühen 144 mit B 18 A-Motor

McPerson lässt grüßen: die aufwändige Vorderradaufhängung

den Hersteller gilt, da Volvo die Schweller dem Durchzug des Fahrtwinds aussetzte. Was Rost freilich nicht dauerhaft hindert, sich an den Befestigungen der Schwellerleisten einzunisten, ebenso dort, wo Radhaus und Seitenteil zusammen treffen. Auch der Unterboden hat seine Tücken – dort, wo Bodenbleche und Schweller miteinander verschweißt sind; gleiches gilt für den Einstieg im Bereich der Knotenbleche zu A-, B- und C-Säule. Recht tapfer schlagen sich dagegen die vorderen Kotflügel: Sie gammeln „nur" im Schwellerbereich, wo sie Spritzwasser und Schmutz besonders ausgesetzt sind (trotz der ab Modelljahr 1979 serienmäßigen Innenkotflügel aus Kunststoff). Schlechter schneidet die Partie um die hinteren Radläufe ab, insbesondere die Übergänge vom Schweller zu den Radhäusern zeigen bei fast allen hier vorgestellten Modellen Spuren von Korrosion. Das Grauen setzt sich nach hinten fort: Kotflügelecke samt Reserveradwanne sind neuralgische Punkte, dazu der Bereich, wo Heck-, Boden- und Kantenblech unter der Stoßstange zusammen treffen. Wenn Sie gerade in die Knie gegangen sind, dann riskieren Sie einen Blick auf die Räder: An oft teuren Alu-Felgen hat weniger der Zahn der Zeit, wohl aber die Kante des Bordsteins genagt...

Haben Sie es mit einem 145, einem 245 oder mit einem 265 zu tun, mit einem Kombi also, gilt Ihre Aufmerksamkeit nun der Heckklappe. Sie ist ein besonderer Fall und rostet im unteren Teil nach bekanntem Muster: Weil durch eine poröse Dichtung Wasser eindringt und sich wegen verstopfter Abflusslöcher sammelt. Da sich dadurch aber Kondenswasser bildet, fault früher oder später auch der unteren Bereich des Scheibenrahmens weg. Haben Sie sich gerade den Kopf gestoßen, weil die geöffnete Klappe nach unten sackte? Dann sind die Dämpfer verbraucht. Ferner bricht bei Fahrzeugen mit ausgeschlagenen Scharnieren die durch selbige geführten Kabel der Nummernschildbeleuchtung bzw. des Heckwischers; eine Reparatur ist aber möglich, ohne den Dachhimmel zu entfernen.

Mechanik

Beginnen wir mit dem Herz eines Autos, seinem Motor. In der langen Produktionsgeschichte der Baureihen (die immerhin von 1966 bis 1993 dauerte) kamen rund 50 unterschiedliche Motoren (!) zum Einbau – was nach einem Schildbürgerstreich klingt, jedoch an den Besonderheiten des jeweiligen Marktes lag: Wie jeder Hersteller musste sich auch die AB VOLVO seit Mitte der siebziger Jahre nach den jeweiligen Abgas, Sicherheits- und Lärmschutzbestimmungen richten. Das ging so weit, dass sich etwa ein „kalifornischer" 240 oder 260 deutlich von den Versionen der übrigen US-Bundesstaaten unterschied. Dazu kam eine landestypische Steuergesetzgebung, die ein Hersteller tunlichst nicht in den Wind schlug...

Generell kamen drei Motortypen zum Einsatz: Die Stoßstangen-Triebwerke mit vier (B 18/20) und sechs Zylindern (B 30) sowie moderne ohc-Aggregate mit ebenfalls vier (etwa B 23/230) bzw. sechs Zylindern (B 27/28); dazu gab es Diesel-Fünf- und -Sechszylinder von VW (D 20/24). Den Löwenanteil sämtlicher Motoren stellen freilich die modernen Vierzylinder, die sich mit einer obenliegenden Nockenwelle sowie einem Alu-Zylinderkopf profilierten und über die stattliche Leistungsbandbreite von 90 bis 155 PS verfügten. Die betagten Stoßstangenmotoren kamen im Prinzip nur in den 140-/164-Modellen zum Zuge (wer jetzt Halt! ruft und an frühe 240er mit ihren B 20 A-Maschinen erinnert, hat natürlich Recht), während die gemeinsam mit Peugeot und Renault entwickelten Sechszylinder-V-Motoren (PRV) nur ein verhältnismäßig kurzes Gastspiel gaben. Da brachten es die Dieselmotoren von VW auf eine längere Produktionszeit (1979 bis 1993).

Wenden wir uns also den modernen ohc-Aggregaten zu, die bei guter Wartung und sachgerechtem Umgang extrem hohe Laufleistungen erreichen – über 400.000 km sind keine Seltenheit! Wer nun einen 240 inspiziert, wird sich bestenfalls vom sachgerechten Umgang des aktuellen Halters (der nur in seltenen Fällen auch der Erstbesitzer ist) überzeugen können, von der guten Wartung aber schon. Vor allem sollten Belege vorhanden sein, die das regelmäßige Auswechseln von Zahnriemen und Spannrolle ausweisen, übrigens auch und gerade bei Dieselmotoren wichtig, da es sonst konstruktionsbedingt zu kapitalen Motorschäden (etwa durch eine gebrochene Nockenwelle) kommen kann.

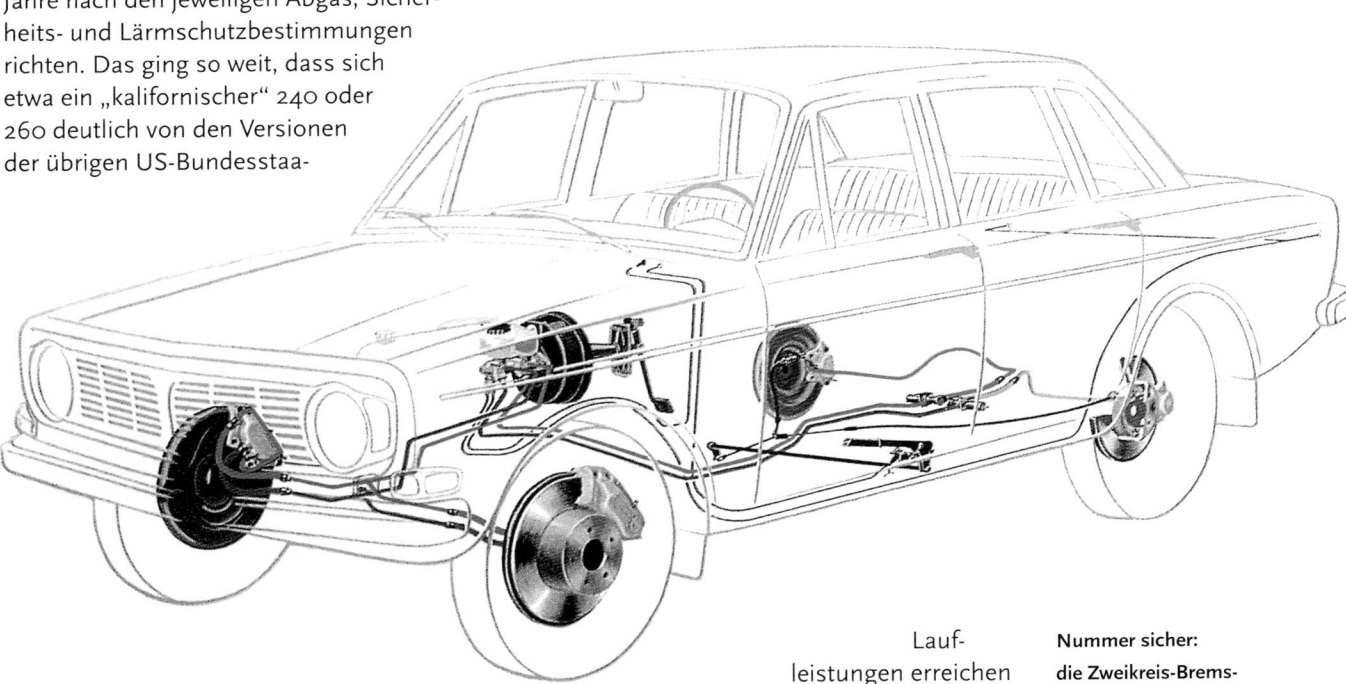

Nummer sicher: die Zweikreis-Bremsanlage mit dem Bremskraftverstärker von Girling

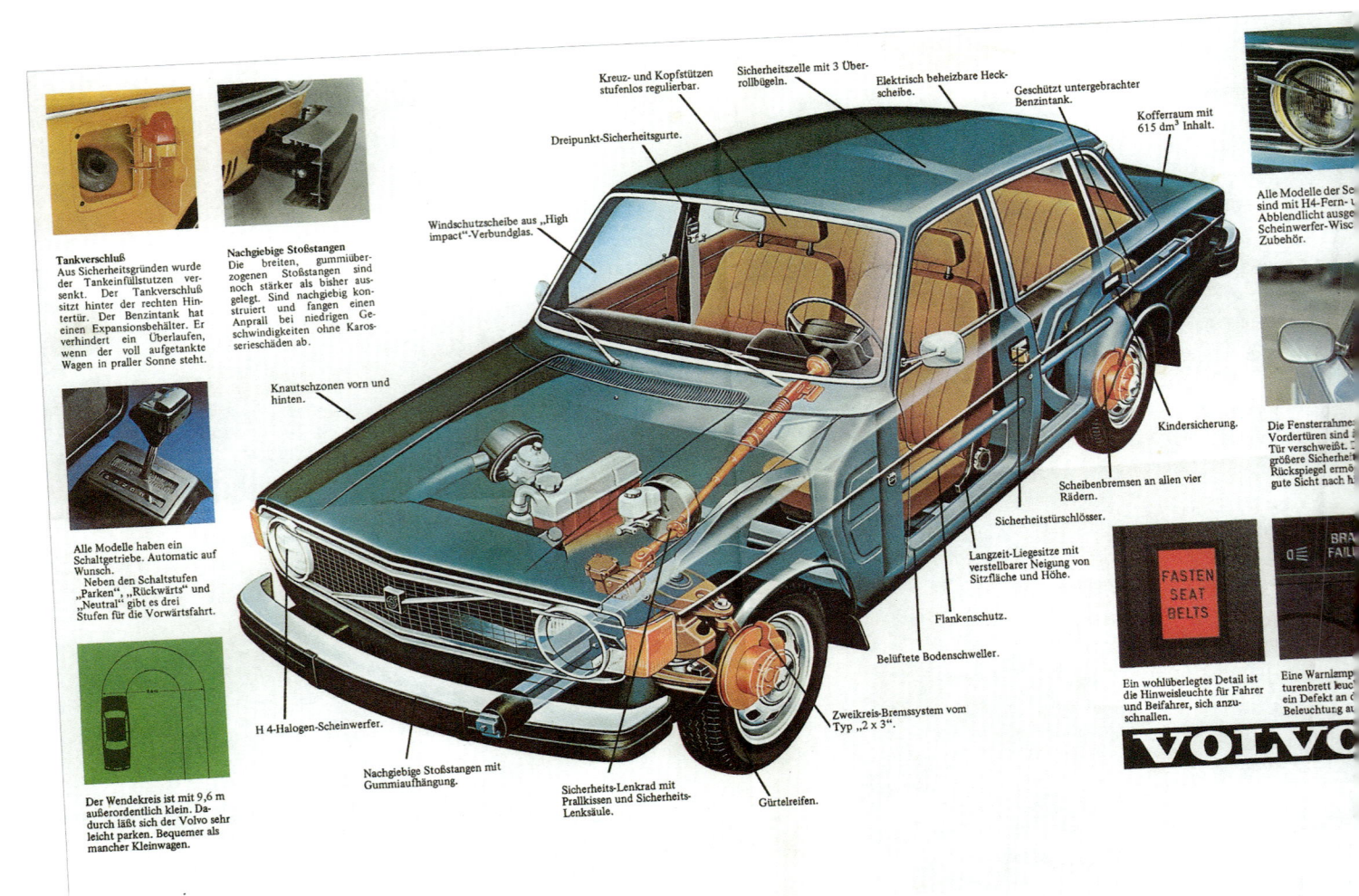

Tankverschluß
Aus Sicherheitsgründen wurde der Tankeinfüllstutzen versenkt. Der Tankverschluß sitzt hinter der rechten Hintertür. Der Benzintank hat einen Expansionsbehälter. Er verhindert ein Überlaufen, wenn der voll aufgetankte Wagen in praller Sonne steht.

Alle Modelle haben ein Schaltgetriebe. Automatic auf Wunsch. Neben den Schaltstufen „Parken", „Rückwärts" und „Neutral" gibt es drei Stufen für die Vorwärtsfahrt.

Der Wendekreis ist mit 9,6 m außerordentlich klein. Dadurch läßt sich der Volvo sehr leicht parken. Bequemer als mancher Kleinwagen.

Nachgiebige Stoßstangen
Die breiten, gummiüberzogenen Stoßstangen sind noch stärker als bisher ausgelegt. Sind nachgiebig konstruiert und fangen einen Anprall bei niedrigen Geschwindigkeiten ohne Karosserieschäden ab.

Knautschzonen vorn und hinten.

Windschutzscheibe aus „High impact"-Verbundglas.

Dreipunkt-Sicherheitsgurte.

Kreuz- und Kopfstützen stufenlos regulierbar.

Sicherheitszelle mit 3 Überrollbügeln.

Elektrisch beheizbare Heckscheibe.

Geschützt untergebrachter Benzintank.

Kofferraum mit 615 dm³ Inhalt.

Alle Modelle der Se... sind mit H4-Fern- u... Abblendlicht ausge... Scheinwerfer-Wisc... Zubehör.

Die Fensterrahme... Vordertüren sind i... Tür verschweißt. ... größere Sicherhei... Rückspiegel ermö... gute Sicht nach h...

Kindersicherung.

Scheibenbremsen an allen vier Rädern.

Sicherheitstürschlösser.

Langzeit-Liegesitze mit verstellbarer Neigung von Sitzfläche und Höhe.

Flankenschutz.

Belüftete Bodenschweller.

Zweikreis-Bremssystem vom Typ „2 x 3".

Gürtelreifen.

Sicherheits-Lenkrad mit Prallkissen und Sicherheits-Lenksäule.

Nachgiebige Stoßstangen mit Gummiaufhängung.

H 4-Halogen-Scheinwerfer.

Ein wohlüberlegtes Detail ist die Hinweisleuchte für Fahrer und Beifahrer, sich anzuschnallen.

Eine Warnlamp... turenbrett leuc... ein Defekt in ... Beleuchtung o...

Außerdem ist wichtig, dass der Filter der Kurbelgehäuseentlüftung („Flammschutz") regelmäßig gewechselt wurde; geschah dies nicht, „verstopft" der Motor – und baut den vorhandenen Druck über den Deckel der Nockenwelle oder, schlimmer, über einen der Wellendichtringe ab. Ebenso plötzlicher wie hoher Ölverlust sind die Folge. Besondere Aufmerksamkeit verdienen „aufgeladene" Motoren, deren Turbolader auf Wasserkühlung verzichtete – und sich dennoch als erstaunlich zuverlässig erwiesen. Ist der Lader allerdings kaputt und muss ersetzt werden, wird es teuer; auch der Abgaskrümmer kostet eine Menge Geld. Ab Modelljahr 1986 rüstete Volvo nach und nach seine Autos auch auf europäischen Märkten mit einem Drei-Wege-Katalysator samt Lambdasonde aus. Aber der Kunde kann nachrüsten: Für alle Vergasermotoren sowie die Einspritzer mit K-Jetronic werden Kat-Nachrüstsätze auf EURO 1 von verschiedenen Herstellern angeboten, eine Umrüstung auf EURO 2 ist für die Motoren mit LH-Jetronic möglich.

Die sogenannten Euro- oder PRV-Motoren gelten als rau und anfällig – womit man ihnen unrecht tut: Sorgsam gewartet, erreichen sie ebenfalls hohe Laufleistungen. Schwachpunkte dieses komplett aus Leichtmetall gefertigten V6-Aggregats sind die zwei obenliegenden Nocken- sowie die Kipphebelwellen, die zum Einlaufen neigen, ferner die Steuerketten (auf Grund wenig widerstandsfähiger Kettenspanner). Scheuen Sie sich deshalb nicht, im Zweifelsfall die Ventildeckel abzunehmen. Neben dem Zustand der Nockenwellen klären Sie dadurch gleichzeitig einen anderen wichtigen Punkt: Entdecken Sie Ablagerungen (sogenannten Schwarzschlamm, hervorgerufen etwa durch minderwertiges Motoröl und Verbrennungsrückstände), können sich die Ölleitungen zusetzen. Das kann sehr teuer werden, ebenso wie Fehler in der Benzineinspritzanlage.

Insgesamt wenig Probleme bereitet der altgediente B 18/20-Motor, ein solider Graugussklotz, dem man allenfalls vorwerfen kann, dass seine Nockenwelle frühzeitig (ein bei Volvo dehnbarer Begriff!) einläuft. Auch die Filzringe an den Enden der Kurbelwelle neigen ab einem bestimmten Zeitpunkt zu Inkontinenz, was bei abgestellten Autos zu hässlichen Flecken auf Straße und Garage führt. Statt die defekten Filzringe zu ersetzen, rüsten viele Kunden auf Simmerringe um. Dazu muss vorne der Stirnraddeckel ausgedreht werden, während es für hinten einen Umrüstsatz gibt. Ölverlust sorgt auch dafür, dass die Umwelt beim Gaswegnehmen in blauen Dunst gehüllt wird – was mit mit ziemlicher Sicherheit an gebrochenen Ölabstreifringen liegt. Oder auch nur an defekten Ventilschaftdichtungen, über die der B 20 im Gegensatz zum B 18 verfügte.

Robust und gut für hohe Laufleistungen sind auch die automatischen Drei- und Viergang-getriebe von Borg-Warner (Typ 35 und 55) bzw. Aisin-Warner (Typ 70 und 71). Einziger Haken: Lahmt die Kraftübertragung, etwa durch verschlissene Bremsbänder (BW 35), defekte Lamellenkupplungen oder Drehmomentwandler, wird es so teuer, dass eine Reparatur nicht lohnt. Tritt dagegen Öl etwa am Getriebeein- oder Ausgang oder an der Ölwanne aus, so lässt sich dies mittels der verfügbaren Simmerringe bzw. Dichtsätze kostengünstig beheben. Die manuellen Vier- und Fünfganggetriebe bereiten erst nach langer Dienstzeit Probleme – anders als das weniger standfeste Overdrive. Rutscht dieser zuschaltbare Schnellgang durch, kündigt sich Ungemach an; lässt er sich gar nicht erst einlegen, liegt der Fehler dagegen meist an zu wenig Öl oder an korrodierten elektrischen Anschlüssen (und deshalb muckendem Magnetschalter). Die sehr aufwändige, damals revolutionäre Zweikreis-Bremse, mit der alle hier behandelten 140-/164-/240-/260-Modelle ausgerüstet sind, zeigt keine typischen

Schnittig: der erste 240 im Detail

Körperlos: die Technik eines 140 mit zwei Vergasern

Glück gehabt, konstruktionsbedingt: Die Fahrgastzelle blieb intakt, trotz eines Frontalcrashs mit einem Kleinlaster

Schwachpunkte. Trotzdem kann gerade die Bremsanlage bei den Autos der 2er-Baureihe zu Ärger führen: Die AB VOLVO verbaute nicht kompatible Girling- und ATE-Bremsbeläge – und kombinierte diese nach Belieben (will heißen: was gerade am Lager war). Auch die Bremsscheiben (unterteilt in massiv und belüftet) kamen von Girling oder ATE – und verlangten, logisch!, nach den entsprechenden Bremssätteln. Um zu erfahren, welches System im eigenen Fahrzeug zum Zuge kommt, kann der stolze Volvo-Besitzer den ganzen Kram abbauen – oder er schaut auf sein Typen- bzw. Serviceschild (das etwa im Koffer- bzw. Laderaum oder im Blatt der Beifahrertür (bei Linkslenkern) angebracht ist).

Stichwort Elektrik. Je jünger der von Ihnen angepeilte Kandidat ist, desto mehr elektrische Helferlein hat er zu bieten. Das ist schön und gut – solange diese Helferlein ihre Aufgaben erfüllen und das Schiebedach, die Fenster, sowie die Außenspiegel in die von Ihnen gewünschte Position rücken, für warme Vordersitze sorgen und die Scheinwerfer reinigen. Tun sie dies nicht, wird es (fast immer) teuer. Stellen Sie also sicher, dass alle Ihre Befehle prompt und auf Knopfdruck ausgeführt werden. Ärgerlich ist außerdem, dass bei 240ern mit Overdrive die Schalthebelkappe gerne bricht – was sie mit den Kartentaschen in der Seitenverkleidung gemeinsam hat.

Der 140 und vor allem der 240 verhalfen dem Kombi als Familien- und Freizeitgefährte endgültig zum Durchbruch. Trotzdem wurden Fünftürer häufig als Lastesel oder Zugfahrzeuge eingesetzt – und deshalb eben auch häufiger als Limousinen mit einem Niveauliftsatz ausgerüstet. Bei diesem Zubehör erfolgte die Niveauregulierung, die Fahrkomfort wie -verhalten bei schwerer Last oder im Anhängerbetrieb verbesserte, entweder über einen Schalter am Armaturenbrett (bei integriertem Kompressor) oder an der Tankstelle via Luftdruckgerät. Noch komfortabler arbeitete der vollautomatische, ab Modelljahr 1988 erhältliche Nivomat. Sind die Geräte allerdings defekt oder verbraucht, muss tief in die Tasche gegriffen werden.

Eine preisgünstige (und deshalb beliebte) Alternative ist die Rückrüstung auf verstärkte Schraubenfedern in Verbindung mit Gasdruckdämpfern.

Teile und Preise

Für alle Kaufinteressenten ist wichtig zu wissen, dass (fast) alle Teile nach wie vor verfügbar sind. Wobei der Kunde in vielen Fällen sogar zwischen Original und After Market, also der (preisgünstigeren) Nachfertigung wählen kann. Engpässe gibt es freilich schon. So kommen manche 164 mit Nebellampen daher, die im Frontblech sitzen. Sie sind, wie

Ziemlich einmalig: Nur wenige Hersteller bieten ein ähnlich umfangreiches Ersatzteilangebot für Klassiker wie die AB VOLVO

etwa die wunderhübschen, sternförmigen Virgo- oder Turbofelgen des 240, heute sehr gesucht – aber eben leider längst nicht mehr lieferbar.

Und was muss für einen Volvo 140, 164, 240 oder 260 gezahlt werden? Gestatten Sie uns jetzt eine Binsenweisheit: Das kommt darauf an! So haben 140er in den letzten Jahren kräftig zugelegt, ebenso der imposante 164, der seit einiger Zeit in den Genuss von H-Kennzeichen kommt (bei einem 3,0-Liter-Auto ein zugkräftiges Argument). Demgegenüber ist ein selbst noch so gut gepflegtes 1982er Modell – ohne Rost, aber eben auch ohne Kat – zumindest bei uns praktisch unverkäuflich. Es sei denn, es hat bereits Liebhaberstatus erworben. Wie etwa ein 240 GLT, jener zünftige Grand Luxe Touring, der mit 140 PS, geschmiedeten Kolben, schärferer Nockenwelle und erweiterten Ansaugkanälen aufwartete. Oder natürlich wie ein 240 Turbo. Kostenpunkt für solche Leckerbissen: Vier- bis fünftausend Euro, allerdings müssen sie dann wie aus dem Ei gepellt dastehen. Auch ein ganz früher 242, ein Zweitürer mit dem unverwüstlichen B 20-Triebwerk, ist heute gesucht: Weil eine Rarität – und natürlich auch, weil das H-Kennzeichen in greifbare Nähe rückt. Und dann gibt es noch spezielle Fälle wie den 145 Express (mit Hochdach), den silbernen 242 GT, den „langen" 245 Transfer, den sportlich-elegant-markanten 262 C, den ebenfalls „langen" und wie der 262 C bei Bertone gebauten 264 TE: Alle diese seltene Stücke finden ihren Liebhaber, meist unabhängig von ihrem jeweiligen Zustand.

Generell allerdings gilt, dass die Kombis gesuchter sind als die Limousinen. Und dass sich die meisten Kandidaten verschönern, verbessern oder zumindest individueller gestalten lassen: Durch vordere Innenkotflügel etwa oder Armaturenbrett-Furniere, durch straffere Fahrwerke oder, je nach Modell, andere Felgen. Und damit Gute Fahrt!

Im Zweifel stets für das gepflegte Exemplar!

Zahlen, Fakten, Fans

Viel mehr als nur Autos

Dass ein so bevölkerungsarmes Land wie Schweden mit Volvo und Saab zwei Automobilmarken von Weltruf hervorgebracht hat, ist in der Industrie-Geschichte einmalig. Volvo ist Schweden und Schweden ist Volvo, die Autos aus Göteborg sind immer auch Botschafter ihres Landes, selbst wenn sie in anderen Werken wie zum Beispiel im belgischen Gent gebaut worden sind.

Dabei gehört Volvo zu den Spätstartern. Erst 1927, als das Auto als solches schon mehr als 40 Jahre alt war, kam „Jakob", so der Kosename des allerersten Volvo. Ähnlich wie Audi ist Volvo ein aus dem Lateinischen entlehntes Kunstwort und bedeutet „ich rolle". Jakob rollte mit finanzieller Unterstützung des Kugellagerherstellers SKF. Die beiden Volvo-Gründer Assar Gabrielsson und Gustaf Larson kamen aus dem SKF-Management, sie waren der Meinung, dass Schweden eine eigene Automobilindustrie brauchte. Wie Recht sie hatten. Schon 1934 konnte Volvo sich vom Einfluss durch SKF frei machen, und noch vor dem Krieg wurde zaghaft mit dem Export ins europäische Ausland und nach Südamerika begonnen. Der Durchbruch auf dem Weltmarkt gelang aber erst nach dem Krieg: Der 1944 vorgestellte Buckel-Volvo (PV 444/544) und sein Nachfolger Amazon waren die Absatzbringer in den fünfziger und sechziger Jahren; damals gelang es, in Amerika Fuß zu fassen. Der Amazon schrieb Volvo auf die Weltkarte, heißt es gemeinhin.

Es darf nicht unerwähnt bleiben, dass Volvo viel mehr ist als nur Auto. Von Beginn der Firmengeschichte an wurden Lastwagen gebaut, später kamen Busse, Baumaschinen, Bootsmotoren hinzu. Auch zum Flugzeugmotorenbau bestehen Verbindungen. Volvo war und ist ein veritabler Industriekonzern. Als sich Ford im Januar 1999 engagierte, wurde nur die Automobilsparte übernommen, alles andere ist nach wie vor in schwedischer Hand. Neben Aston Martin, Jaguar und Land Rover gehört Volvo jetzt zur Premier Automotive Group (PAG) im Ford-Konzern, und spielt dort eine sehr wichtige Rolle,

Vrom 2004:
Am Volvo Museum ist genug Platz, um einmal im Jahr im August das „Volvo Rendez-Vous for Owners and Members" zu veranstalten. Wir wollen 2005 wieder hin

Auf dem sonntäglichen Teilemarkt beim „Vrom" findet jeder, was er sucht

weil Gewinne beigesteuert werden und nicht Verluste angehäuft. Statt aus einer oder zwei Modellreihen wie in den sechziger und siebziger Jahren besteht die Volvo-Palette des Jahres 2004 gleich aus sechs Modellreihen: Den Einstieg bildet die Kompaktlimousine V 40, die Kombivariante davon ist der V 50. Den S 60 gibt es nur als Limousine, den V 70 nur als Kombi. Das Flaggschiff S 80 ist wiederum eine Limousine, dazu gesellen sich der Geländewagen XC 90 und das Cabriolet C 70. Von einem Volvo in der Golfklasse ist auch immer wieder zu hören, Klassik-Fans denken jetzt sofort an den kleinen Volvo 66 beziehungsweise den daraus abgeleitet 340.

Die schwedische Firma hat sich aus kleinen Anfängen ganz nach vorne in die Liga der großen Automobilhersteller gespielt, erst 1966 wurde der millionste Volvo gebaut. Bis zur zweiten Million dauerte es keine weiteren 39, sondern nur noch fünf Jahre. Zwölf Jahre später, 1983, waren es dann schon insgesamt 5 Millionen Volvo. Seit 1970 laufen jedes Jahr mehr als 200.000 Fahrzeuge von den Bändern. Insgesamt ist man inzwischen bei rund 15 Millionen angelangt.

Volvo in Deutschland

In Deutschland werden Volvos offiziell erst seit 1958 verkauft. Damals entschlossen sich die Schweden, eine Importeursgesellschaft zu gründen, mit Sitz in Frankfurt am Main. In der jungen Bundesrepublik gab es 6,8 Millionen Kraftfahrzeuge, auf 17,6 Personen kam ein Auto. Heute haben wir im wiedervereinigten Deutschland einen Bestand von gut 44 Millionen, rein rechnerisch besitzt jeder zweite Bundesbürger ein Auto, vom Baby bis zum Greis.

Aller Anfang ist schwer, auch in Deutschland: Von 1958 bis 1963 brachte Volvo nicht mehr als 1.000 Fahrzeuge im Jahr auf den Markt. Dann erfolgte aus Platzgründen ein Umzug nach Dietzenbach südlich von Frankfurt, und 1964 wurde die 1.000er-Hürde um 50 Einheiten übersprungen. Dann ging es langsam, aber stetig nach oben: zweimal knapp 1.200 Einheiten, und danach, mit dem Erscheinen der 140er-Baureihe, zweimal gut 2.300 Volvos per anno, schließlich knapp mehr als 4.000 Einheiten 1969, und genau 8.006 im Jahr 1970. Im Jahr darauf wurde mit 10.646 Neuzulassungen zum ersten Mal die 10.000er-Marke geknackt. 1976 stieg plötzlich der Absatz auf mehr als 20.000. Der Grund war der neue, kleine 3er-Volvo, der in Holland gebaut wurde und eine Weiterentwicklung des DAF 66 war (Volvo hatte DAF gekauft).

Im Vorgriff auf die geplante, dann aber verworfene Fusion mit Renault zieht die Volvo Car Germany, die Personenwagensparte von Volvo Deutschland, 1993 nach Köln; in Dietzenbach haben nach wie vor die Volvo-Lastwagen ihre deutsche Heimat. 20.000 verkaufte Autos sind für die deutsche Volvo schon lange keine Herausforderung mehr. Nach 2000 hat man in Deutschland pro Jahr meist mehr als 40.000 Einheiten verkauft.

Clubs und Szene

Auch hierzulande hat die 140-/240er-Baureihe eine besondere Bedeutung. Mit ihr wurde Volvo groß, der 240/245 ist in vielen Köpfen präsent – und dass nicht nur bei den Automobil-Enthusiasten. Wolfgang Reitzle, der charismatische Automobilmanager, war einst Boss der PAG und damit oberster Volvo-Mann; in dieser Eigenschaft waren ihm die 240er immer ein Dorn im Auge. Er mochte diese „alten Kisten", die immer noch zum Straßenbild gehören, überhaupt nicht, weil sie dem neuen, mehr sportlichen Image der Marke abträglich seien. Aber gerade deshalb lieben so viele den 240/245 heiß und innig. Er ist treu, zuverlässig und bietet Understatement, mein Auto ist meine Burg. Er ist immer noch „der" Volvo, und das nicht nur, weil er mit seinen 2,8 Millionen Exemplaren vielleicht für immer der meistgebaute bleiben wird.

Noch ist er relativ jung, aber die ersten Liebhaber-Clubs haben sich schon formiert: In der Schweiz gibt es eine Volvo 240 I.G., in Schweden natürlich gleich mehrere. Aber auch in Deutschland formiert sich die Fanszene um den 240, Informationen gibt es unter www.volvo200.de.

Das Vorgängermodell 140/160 hat längst Oldtimer-Status erreicht, schon seit 1988 gibt es einen eigenen Verein: den Volvo 164/140 Club e.V. Der relativ kleine, aber feine Gemeinschaft entstand aus dem Bedürfnis heraus, innerhalb der Volvo-Szene mehr für die Baureihe zu tun. Hintergrund ist, wie bei jedem Autoclub, zum einen das gesellige Beisammensein, zum anderen aber auch der Austausch von Informationen und Wissen zum Fahrzeug. Im Club, der sich zweimal im Jahr trifft, halten sich 140er und 164er ungefähr die Waage, einige Mitglieder besitzen sogar einen der so seltenen Express. Bester Beweis für das hohe Engagement im Club ist sein Internetangebot www.164-140club.de. Da lohnt sich das Reinschauen, alles wird mit viel Liebe und Sachverstand präsentiert.

Hierzulande noch von Bedeutung ist natürlich der „große" Volvo Club Deutschland, der seit 1978 besteht und mehr als 700 Mitglieder zählt. Von den spezialisierten Clubs ist noch das niederländische Volvo Bertone Register zu erwähnen, das sich um die Modelle 262 C, 264 TE und den 780 kümmert – eben um jene Volvos, die bei Bertone gebaut wurden. Seine Website www.volvobertone.com ist gleichfalls sehr informativ.

Doch egal, für welchen Volvo man sich besonders erwärmt, im Sommer haben alle wahren Fans nur ein Ziel: VROM in Göteborg-Torslanda, ganz in der Nähe des 1964 eingeweihten Werkes. Das „Volvo Rendezvous for Owners und Members" gilt als das größte Volvo-Treffen der Welt, es findet seit 2001 immer in Göteborg statt – wo auch sonst. Das Treffen ist wunder-

Was aus einem 142 alles werden kann...

bar organisiert, freitags kommt man zum ersten Mal zusammen, samstags ist eine große Ausfahrt und sonntags großes Treffen mit Teilemarkt am Volvo-Museum. Jeder, der mit einem historischen Volvo anreist, hat am Sonntag freien Eintritt. Die Fans kommen aus ganz Europa, die größte ausländische Gruppe stellten 2004 die Holländer. Informationen zu VROM gibt es im Internet unter www.vrom.org, dort finden sich auch Bilder zu den zurückliegenden Veranstaltungen. Die Ursprünge dieses Treffens reichen bis in die achtziger Jahre zurück, der Name, der so wunderbar nach „Brumm-Brumm" klingt, war einmal als Abkürzung für „Volvo-Renault Owners Meeting" gedacht, aber aus der geplanten Fusion wurde bekanntlich nichts. Seit 2001 unterstützt Volvo die Veranstaltung, erfreulicherweise haben die Marketing-Strategen begriffen, welcher Schatz die verschworne Fangemeinde ist. Und jeder alte Volvo, der auf den Straßen unterwegs ist, macht gute Werbung für seine neuen Nachkommen. Das weiß man in Göteborg: Kaum

P 1800), weil sie unvergleichlich nostalgisch sind (Buckel), weil sie zeitlose Eleganz ausstrahlen (164), weil sie unendlich funktional sind (140/240), weil sie mit Design-Konventionen brechen (262 C). Oder einfach, weil der Papa so ein Auto gefahren hat – wie das Beispiel eines Mittdreißigers zeigt, der von Karlsruhe nach Hamburg gefahren ist, um 300,– Euro für einen schrottreifen 164 E zu bezahlen. Warum? Weil Typ, Baujahr und Farbe stimmten: „Sechs Wochen sind wir zu sechst – ich immer auf dem Schoß meiner Mutter, meine Geschwister auf der Rückbank – durch Schweden gefahren, mit einem riesigen Wohnwagen am Haken. Das vergesse ich nie." Jetzt soll der alte 164 restauriert werden. Solche Geschichten hört man immer wieder, wenn man sich mit Volvo-Besitzern unterhält. Es gibt aber natürlich auch eine ganze Reihe Fans, die sich erst auf den zweiten Blick in einen 144 oder 245 verliebt haben. Aber dauerhaft sind die Beziehungen immer, denn ein alter Volvo enttäuscht niemals.

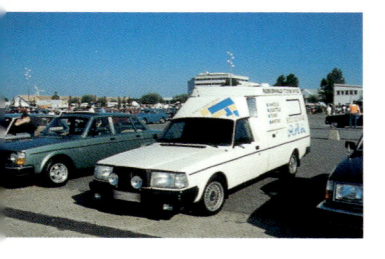

Große Treffen wie „Vrom" (Bilder oben) machen ebenso viel Spaß wie die Zusammenkunft im engeren Kreis: Freunde des Volvo 140/164 bei Benzingesprächen auf dem Herbsttreffen 2004 im Raum Koblenz

ein Hersteller kann noch selbst so viele Teile für alte Fahrzeuge liefern wie Volvo, man hat eine eigene Tochtergesellschaft dafür ins Leben gerufen. Die extrem starke Volvo-Fangemeinde hat dies sicher verdient.

Volvos werden geliebt, weil sie so unverwüstlich sind (alle), weil sie schön sind (Amazon,

„Volvo for life" ist ein aktueller Werbeslogan der Marke. Er trifft den Nagel auf den Kopf: Die Autos sind fürs ganze Leben gebaut, die 142, 144, 145, 164 und die vielen Fahrzeuge der 200er-Baureihe, die noch unterwegs sind, die offenbar unendlich rollen, sind der beste Beweis.

Der Weg als Ziel

Mit einem Volvo 144 bei der Oldtimer-Rallye LE JOG

Guter Dinge: Volvo-Enthusiasten vor dem Start der Rallye in Land's End

Volvos gelten als robuste Autos. Das war schon immer so und wird hoffentlich so bleiben. Dass sie es auch tatsächlich sind, beweisen die vielen Oldtimer, die nicht nur auf Deutschlands Straßen unterwegs sind. Volvo heißt bekanntlich auf Lateinisch „ich rolle", und Volvo-Oldtimer-Besitzer gehören zu denen, die ihre Fahrzeuge nicht nur in die Garage stellen und pflegen, sondern sie auch rollen lassen – je weiter desto besser.

Mancher Oldie wird ganz profan im Alltag genutzt, auch das hat seinen Reiz; spannender sind jedoch Rallyes, die längst in Mode gekommen sind und beinahe schon überhand nehmen. Die wohl bekannteste Tour hierzulande sind die „2.000 Kilometer durch Deutschland": Oldtimer-Freunde kommen zusammen und messen sich und ihre Autos in Gleichmäßigkeits-Wettbewerben. So richtig hart rangenommen werden die Autos aber bei keiner dieser Touren. Doch es gibt Ausnahmen, zum Beispiel „LE JOG".

Bei dieser Rallye geht es darum, am ersten Dezember-Wochenende von Samstag morgen bis Dienstag morgen von Land's End (LE) in der Südwestspitze Englands nach John O'Groats (JOG) in der Nordostspitze Schottlands zu fahren – nicht auf der Autobahn, sondern auf kleinen und kleinsten Sträßchen. 1.466 Meilen betrug im Jahr 2003 die Strecke, und auf 100 Starter kamen nicht weniger als acht Volvos. Mit dabei waren Boris Schmidt im 144 samt seinem Schwager Stefan Thiele als Beifahrer, ein weiterer 144, ein P 1800, zwei Amazon, zwei Buckel und ein Lappländer, eine Art Geländewagen mit einem Design wie ein Schuhkarton.

Ob Zufall oder nicht, diese Autos samt ihrer Fahrer repräsentierten einen guten Quer-

Bei der Anreise musste in Belgien noch die Wasserpumpe gewechselt werden

Das ist kein Hochwasser, sondern der Normalfall bei LE JOG

schnitt durch die heutige Volvo-Oldie-Szene. Auf sie kam einiges zu – denn LE JOG hat es in sich, allein schon weil gefahren wird, während viele Oldtimer Winterschlaf halten. Die Anreise kann als Prolog gesehen werden, schließlich sind es rund 1.500 Kilometer von Frankfurt bis Land's End. Für uns war LE JOG die erste richtig große Fahrt im frisch erworbenen 144, und schon nach vier Stunden schien alles zu Ende: Morgens um acht waren wir losgefahren, als sich auf dem Brüsseler Autobahnring ohne Vorankündigung plötzlich die Wasserpumpe verabschiedet. Da standen wir nun, ganz klassisch mit dampfenden Motor. Es war gerade noch gelungen, die Autobahn zu verlassen. Wie gut, dass wir vorher noch Mitglied in einem großen deutschen Automobilclub geworden waren, inklusive Auslandsschutz. Die Automobilclub wurde alarmiert, und es hieß, es kommt gleich jemand. Trotzdem mochte keine rechte Hoffnung aufkeimen – denn wie sollten wir eine neue Wasserpumpe beschaffen? Mehr aus Langeweile schauten wir beim Warten in die Ersatzteilkiste, die wir uns von einem Hamburger Volvo-Ersatzteilspezialisten hatten zusammenstellen lassen. Und siehe da, es war eine Wasserpumpe dabei! Frohgemut gingen wir ans Werk, auf baldige Unterstützung durch „unseren" Automobilclub hoffend. Nach vier Stunden war die alte Wasserpumpe aus- und die neue eingebaut, gar nicht so schwer. Der rettende Engel des großen deutschen Automobilclubs ist übrigens nicht gekommen, den haben wir schließlich abtelefoniert. Sichtlich peinlich war das dem Mann am Telefon...

Alles in allem entpuppte sich der unfreiwillige Halt also doch noch als Erfolgserlebnis. Aber die Freude währte nur kurz. Inzwischen war es dunkel, der Motor nahm bei höherem Tempo (schneller als 80 km/h) nur noch widerwillig Gas an. Auch dieses Problem ließ sich schnell lösen: An unserem zügigen Vorwärtskommen hinderte uns ein verschmutzter Benzinfilter, den wir so lange sauber machten, bis wir ihn durch einen neuen ersetzten, der heute noch seinen Dienst tut. Gekauft haben wir den bei der kleinen Garage in Land's End, bei der technischen Abnahme der Fahrzeuge. Gelernt haben wir daraus, dass auch britische Tankstellen keine Benzinfilter mehr im Angebot haben, wie in Deutschland.

Wir hatten es geschafft, waren Freitagnachmittag noch rechtzeitig angekommen und hatten viel Spaß beim obligatorischen, britisch-steifen Diner. Am Samstag ging es endlich los. Verantwortlich für diesen liebevoll-skurrilen Winter-Wahnsinn ist übrigens John Brown und seine Historic Endurance Rallying Organisation (Hero). Brown, ein gestandener Mann über sechzig, organisiert seit den frühen siebziger Jahren Rallyes und fuhr davor selbst.

LE JOG ist sozusagen in zwei Veranstaltungen unterteilt, den Touring und den Reliability Trial. Letzterer ist es ein echter Wettbewerb. Die Teilnehmer bekommen Aufgaben gestellt, wie zum Beispiel Höhenangaben auf eine Karte zu übertragen und daraus eine Route zusammenzustellen – und diese dann abzufahren. Eine vorgegebene Route in einer bestimmten Zeit zu fahren, scheint noch einfach, aber meist sind die Vorgaben so ehrgeizig (30 Meilen die Stunde), dass sie auf den engen und verwinkelten Sträßchen nur von wirklich guten Fahrern zu erfüllen sind. Auf Flugfeldern muss auch schon mal um Pylonen herumgekurvt werden, und für einen Le-Mans-Start darf man sich auch nicht zu schade sein.

LE JOG ist ein echter Kampf, und wer sich dem nicht stellen will, bleibe zu hause – oder fahre eben den Touring Trial, jene Soft-Vari-

Kleine Pannen werden schnell behoben, die Autos werden richtig dreckig, und auch dieser fahrende Kasten ist ein Volvo

Wer es noch nicht weiß: Das ist ein Le Mans Start. Die Fahrer müssen zum Auto sprinten

ante, die ebenfalls von LE nach JOG führt, jedoch ohne Zeitvorgaben. Die Fahrer sind völlig frei, können jede beliebige Route nehmen, bekommen dann aber auch keinen Anerkennungspreis, wenn sie das Ziel in Schottland erreicht haben. Den erhalten nur jene, die alle Punkte auf der von Hero vorgegebenen Route anfahren – was, wie bei den Reliability-Teilnehmern, zu langen Nächten führt. In der ersten Nacht wird bis um drei Uhr morgens gefahren, dafür wird es am Sonntagabend nicht so spät. Montagmorgen wird zum großen Finale geblasen. Jetzt kommt Schottland und gefahren wird 36 Stunden lang, bis die Starter Dienstagmorgen John O'Groats erreichen. Wir geben zu, wir haben die Strecke etwas abgekürzt...

Richtig ernst genommen wird man als „Tourist" sowieso nicht. Die wahren Helden fahren Reliability, am besten im Vorkriegs-Riley. Geschont werden weder Körper noch Gerät, die vielen verbeulten Kotflügel in John O'Groats zeugen davon. Allerdings war die Zahl der Ausfälle mit einem Dutzend von 76 Startern (der Rest waren „Touristen") relativ gering. Das größte Pech hatte ausgerechnet der Eigner eines Volvo P 1800. Das weiße Schmuckstück brannte schon am ersten Tag ab. Ursache: Eine gerissene Benzinleitung. Von den „Touristen" kamen alle in Schottland an.

Bei der Anreise in der Fähre von Calais nach Dover (oben)

Dürfen in keinem Volvo-Buch fehlen: Amazon (mitte) und Buckel (rechts). Sie gelten gemeinhin als die Kult-Volvos

Bei der Rallye 2002 hatte es wesentlich mehr Ausfälle gegeben, allerdings waren die Wetterbedingungen wesentlich schlechter. So gut wie zu der von uns gefahrenen Jubiläums-Tour des Jahres 2003 – es war die zehnte Veranstaltung, weil 2001 wegen der Maul-und-Klauen-Seuche nicht gestartet werden konnte – war das Wetter bisher selten. Kaum Regen, dafür Sonne am Sonntag und Sonne am Montag. Und weder Schnee noch Eis in den Highlands. Selbst am Dienstagmorgen in John O'Groats schaute die Sonne für die später eintreffenden Teilnehmer manchmal hinter den Wolken hervor.

Dort oben schlug schließlich die Stunde der Sieger, denn Sieger sind alle, die es bis dort oben schaffen, das Auto hat gehalten, der Mann hat gehalten (nur einige wenige Damen waren als Beifahrer dabei). Erschöpft sitzen sie in ihren Wagen, lassen sich von John Brown durch das von zwei Dudelsackpfeifern flankierte Ziel winken – und fragen sich in diesem Moment, was sie da eigentlich gemacht haben: Sie haben im Dezember, im tiefen Winter, drei Tage Strapazen auf sich genommen, haben für die Teilnahme 3.120,– Euro (Reliality) bzw. 1.450,– Euro (Touring Trial) bezahlt und das Auto mehr als einmal beinahe aus der Kurve geworfen, sie sind über schlechteste Straßen gejagt und haben Wasserdurchfahrten gemeistert, die sonst Geländewagen vorbehalten bleiben.

Oben angekommen: Der fahrende Kasten von Seite 109 (ein Lappländer) und der 144 von Boris Schmidt

Volvo 140 bis 260 **111**

Infos

Mitfahren können bei LE JOG Oldtimer, die mindestens 25 Jahre oder älter sind. Es gibt verschiedene Klassen, ein einzelner Gesamtsieger wird nicht ermittelt. Um den Reliability Trial erfolgreich mitzufahren, sind gehobene Kenntnisse in Rallye-Navigation und entsprechende technische Ausrüstung (Tripmaster, etc.) Voraussetzung. Elektronische Hilfen (GPS) sind nicht gestattet. Die Wagen werden einem kurzen technischen Check unterzogen, sie müssen aber nicht für den offiziellen Rallyesport vorbereitet sein. Ein Feuerlöscher ist Pflicht. Novizen können entweder im September einen eintägigen Navigations-Kurs in England machen oder am Vorabend eine Art Crash-Kurs. Wer den Sprung ins kalte Wasser scheut, fahre zunächst den Touring Trial.

Viele Wege führen bekanntlich nach Rom, aus Deutschland aber nur wenige nach Land's End: Über Calais nach Dover etwa oder über Cuxhaven nach Harwich – und dann nach Cornwall; von Dover nach Land's End sollten ungefähr neun Stunden veranschlagt werden. Auf dem Weg dorthin führt die A 30 unmittelbar an Stonehenge vorbei. Für dieses Kleinod der Kulturgeschichte sollte man ein, zwei Stunden extra einplanen. Zurück ist die beste Verbindung die Fähre von Rosyth (bei Edinburgh) ins belgische Zeebrügge (Superfast Ferries): Von JOG im hohen Norden erreicht man in fünf, sechs Stunden das südlich gelegene Rosyth. Dort legt die Fähre um 17.00 Uhr ab, um am nächsten Tag gegen 11.30 Uhr in Belgien festzumachen. So spart man weitere 900 Kilometer bis Dover beziehungsweise Belgien. Hero handelt spezielle Fähr-Preise aus, im Jahr 2003 kostete diese Kombination engl. 309,– Pfund, inklusive einer Zweier-Kabine für die große Schiffspassage. LE JOG im Internet: www.hero.org.uk.

1.466 Meilen lang haben sie ihre Auto kaum geschont, haben es versalzenen Straßen ausgesetzt – und damit Belastungen, die dem Gros der hierzulande gehegt und gepflegten Oldtimer niemals ausgesetzt werden. Aber die Stimmung im Pub ist riesig.

Klar, man kann LE JOG als spleenige Angelegenheit abtun, als typisches Insel-Abenteuer. Aber alle, die mitgemacht und die Herausforderung angenommen und schließlich gemeistert haben, wissen, dass sie etwas erreicht haben. Längst fahren nicht nur Briten mit, sondern Teams aus Deutschland, der Schweiz, Österreich, Italien, Belgien, Frankreich und Holland. Und fast alle wollen wiederkommen. Es ist fast wie eine Sucht. Von den acht gestarteten Volvos erreichten sechs das Ziel, sicher eine sehr gute Quote. Mit seiner stattlichen Bodenfreiheit erwies sich der 144 als gut geeignet für LE JOG, nur bei den Wasserdurchfahrten ist Vorsicht geboten. Da gilt es, für guten Schutz zu sorgen, sonst sind Zwangspausen programmiert. Unser Volvo hat nach den Mucken bei der Anreise alles klaglos über sich ergehen lassen und uns sicher zurück in die Heimat gebracht. Insgesamt haben wir mehr als 4.500 Kilometer zurück gelegt.

Ein weiterer 144 aus Holland nahm LE JOG unter die Räder und kam selbstverständlich bis ins Ziel

Gernegroß

Vom 142 bis 265: Miniaturen

Toys for Big Boys: Viele, die einen „großen" Volvo fahren (nicht nur Big Boys, sondern auch Lazy Ladies), haben sich ihr Auto längst in klein, als Modell, in die Vitrine gestellt. Was sich durchaus als schwierig erweisen kann: Obwohl Sammeln mittlerweile Volkssport geworden ist, halten sich aktuelle Anbieter bei Volvo 140, 164, 240 oder 260 (anders als etwa bei „Traumwagen" wie Ferrari oder Porsche) zurück. Wer eine nagelneue, dem Vorbild perfekt nachempfundene Miniatur sucht, findet selbst im guten Fachgeschäft nur eine begrenzte Auswahl.

An dieser Stelle allerdings sollen nur jene Nachbildungen interessieren, die zur gleichen Zeit wie ihre fahrenden Vorbilder im Maßstab 1:1 produziert wurden, sich also längst nicht mehr im Handel befinden. In Kunststoff, Gummi, Guss oder Blech gefertigt, waren diese oft skurrilen Schöpfungen mit ihren verqueren Proportionen und den dilettantischen Details als Spielzeug gedacht – und fanden folgerichtig ihren Weg in die Kinderzimmer. Um heute, zwanzig, dreißig Jahre später, erwachsene Menschen mit dem Charme ihrer Unbeholfenheit zu begeistern. Was sie zu kleinen Kostbarkeiten macht, die nur auf Sammelmärkten, den einschlägigen Börsen oder im Internet aufzutreiben sind. Zu meist stattlichen Preisen.

Volvo 140

- VOLVO 144/164, Focus-Models, Niederlande, 1:87, lackierte Resine-Modelle
- Volvo 145 GL 1973, Hersteller unbekannt, Maßstab ca. 1:50, weißes Porzellanmodell mit Aufdruck „10 Jahre Lothar Jachnik Volvo", wahrscheinlich Süddeutschland
- Volvo 144 (1967er Modell), SF, Made in Sweden, Maßstab ca. 1:43, schwarzer Kunststoff, „offizielles" Werbemodell, unverglast und ohne „Chromteile", aber mit „durchsichtigen" Scheinwerfern
- Volvo 144 (1967er Modell), Minialuxe, Made in France, Maßstab 1:43, Kunststoff, „Autorisation du Constructeur", vordere Haube zu öffnen, diverse Sonderaus-

Spektakulärer Volvo-Turm: In der Mitte das Original mit „richtigen" Volvos, links die Anzeige und rechts das Modell von Stahlberg

führungen mit Dachgepäckträger, mit Boot, „POLIZEI", „POLIS", „TAXI", sehr viele Farbvarianten (über 20)
- Volvo 144, 145, 244, 245, Galanite, Made in Sweden, Maßstab 1:43, Gummi, unverglast und ohne Bodenplatte, div. Modelle
- Volvo 144 und 145 (Modell 1972), Naccoral (Vertrieb auch als Inter Cars), Made in Spain, Maßstab 1:43, Spritzguss, vordere Türen zu öffnen
- Volvo 144, 164, 144/164 „Politi" (dänische Polizei), „POLIS" (Schweden), „POLIISI" (Finnland), „TAXI", Tekno, Made in Danmark und Made in Holland (Neuauflage 1987), Maßstab 1:43, Spritzguss, massive, schwere Ausführung dieser bildhübschen und gesuchten Modelle, die in mehreren Ausführungen zu haben sind, vordere Türen sowie Hauben zu öffnen
- Volvo 144 Spardose (1967er Modell), Highlands, Made in Japan, Maßstab ca. 1:34, Spritzguss verchromt
- Volvo 144 (1967er Modell), 144 „Polis", „Politi", Bandai, Made in Japan und Korea, Maßstab 1:25, Blech, Fernlenkung und Batterieantrieb, unterschiedliche Ausführungen
- 144 „Rallye" mit Friktionsantrieb, dito, diverse Farben mit Zierstreifen
- Volvo 144 1967, Lucky, Nr. 3004, Made in Hong-Kong, Plastik mit Friktionsantrieb, Maßstab 1:32, schwarzes Interieur mit Rechtslenkung, diverse Ausführungen wie „TAXI" und „POLICE", „POLIS", beide Hauben zum Öffnen
- Volvo 142 (Modell 1967), Stahlberg, Maßstab 1:32, Plastikmodell ohne Verglasung, Vorläufer der ersten Werbemodelle, viele Farbvarianten
- Volvo 142 (alle Modelljahre von 1967–1973), dito, Stahlberg-Werbemodell für Volvo Schweden, Made in Finland, Maßstab 1:20, Plastik, klare Plexiglasverglasung und farbiges Interieur, unzählige Farbvarianten, auch Sondermodelle „POLIS", „POLITIE", „POLIISI", „TAXI"
- VOLVO 142 1971, dito, Display-Pyramide für VOLVO-Händler (sieben Modelle übereinander nach bekanntem Werbefoto)
- Volvo 145 (1972–1974), dito, Stahlberg, extrem selten, nur drei Farben bekannt

Volvo 164

- Volvo 164, Focus-Models, Made in Holland, Maßstab 1:87, lackierte Resine-Modelle

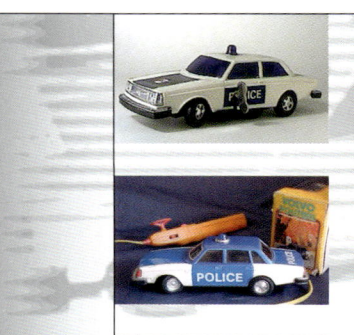

Tekno-Triumvirat (oben), darunter Plastikmodelle von Lucky (links ein 242 Police, rechts ein 244 Brandweer, vor einem 144 Tekno), links ein fernlenkbarer 240 (1:20) von Playwell, ein Stahlberg-Modell, ganz unten ein schwarzer 144 von SF und ein weißer von Minialuxe; rechte Seite ein 164 E von Summer und ein seltener 164 von Stahlberg

- Volvo 164, Summer, Nr. S 691, Made in Hong-Kong, Maßstab ca. 1:66, Spritzguss, mit blau getönten Scheiben und blauer Beschriftung auf Hauben und Dach
- Volvo 164 E 1974, Playart, Made in Hong-Kong, 1:66, diecast, mit klarer Verglasung und Interieur, Vordertüren zu öffnen
- Volvo 164 E, Polistil, Made in Italy, Maßstab ca. 1:43, Spritzguss, hinten „italienisches" Nummernschild, vordere Türen zum Öffnen, div. Farben
- Volvo 164 E (1973er Modell), Polistil, Made in Italy, Maßstab 1:25, Spritzguss, sämtliche Hauben und Türen zum Öffnen, in Liegeposition klappbare Rückenlehnen der Vordersitze, wurde in drei Farben und als schwarz-weiße „POLIS"-Ausführung hergestellt
- Volvo 164, Bandai, Made in Japan, Maßstab 1:25, Blech, Rallyestreifen mit „Startnummern", Fernlenkung und Batterieantrieb, verschiedene Faben
- Volvo 164 (Modell 1969), 164 „Rallye", Lucky Toys No. 3060, Made in Hong-Kong, Plastik mit Friktionsantrieb, Rechtslenker, klare Verglasung
- Volvo 164 1967, Stahlberg, Made in Finland, Plastik, Maßstab 1:15, Ausführung sonst wie Werbemodelle der 140er-Reihe

Volvo 240
- 244 GL, Impy Lone Star, Made in England, Maßstab 1:66, Spritzguss 1980
- Volvo 245 DL, Corgi Toys, Made in England, Maßstab ca. 1:60, Spritzguss, Heckklappe zum Öffnen
- Volvo 245 DL, Majorette, Nr. 220, Made in France, Maßstab 1:60, Spritzguss, Heckklappe zum Öffnen
- 244 und 245 (Modell 1975), dito
- Volvo 244 DL 1975, Yatming, Made in Thailand, dito
- Volvo 244 DL 1977, Playart, Made in Hong-Kong, dito
- Volvo 244/245 DL, LKE-Plast, Made in Danmark, Maßstab ca. 1:36, bunte Vinylmodelle, auch „FIRE", „POLIS", „POLITI", „TAXI" mit Aufdrucken und Blaulicht
- Volvo 242 Turbo 1984 Gruppe A Rennversion, Jemmpy, Frankreich, 1:43, Resine-Bausätze mit 3 verschiedenen decals: Team „Eggenberger", Team „Belgium" und Team „Nordica", mit Verglasung und Interieur
- 242 Police (verschiedene Designs, auch Ambulance und Fire), Lucky, Made in Hong-Kong, Maßstab ca. 1:28, Kunststoff, zum Aufziehen und mit Zweiton-Sirene
- Volvo 244 DL 1977 Brandweer und Rijkspolitie, Lucky Quality Toys, Made in China, Maßstab ca. 1:28, Kunststoff, Sirene, Friktionsmotor, Haube zum Öffnen
- Volvo 244 DL 1975, Playart, Made in Hong-Kong, Maßstab 1:20, Kunststoff, Fernlenkung und Batterieantrieb, Hauben zum Öff-

Dreimal 164 bzw. 164 E: von Tekno...

...und von Polistil: klein (1:45)...

...und ein ein Stückchen größer, im Maßstab 1:24

Andere Länder, andere Materialien: Hartgummi und Spritzguss verschiedener Hersteller; links darunter drei Werbemodelle von Stahlberg. Rechte Spalte: 264 von Norev und Wiking, zwei Bandai-Modelle aus Blech und ein 245 DL von Matchbox Super Kings neben einem weißen von Corgi

nen, diverse Farben und Sonderasführungen wie „Rallye", „POLIS", „POLICE"
- Volvo 242 (Modell 1977), 242 „FIRE", „POLICE", „Ambulance", Lucky, Made in Hong-Kong, Maßstab 1:20 ca.
- Volvo 242 DL, GL/244 DL, GL, GLE, GLT, Turbo, 240 (alle Typen und Baujahre bis 1987), Stahlberg-Werbemodelle, Made in Finnland, Maßstab 1:20, Plastik mit Verglasung, unzählige Varianten gefertigt in sämtlichen Serienfarben, dazu Sondermodelle wie „TAXI", „POLIS", „POLITIE", „POLIISI/POLIS" usw.
- Volvo 245 DL, GL, GLE, GLT, Turbo, 240 Kombi (alle Typen und Baujahre von 1977–1991), Stahlberg/EMEK-Werbemodelle, Made in Finnland, Maßstab 1:20, Plastik, alle Serienfarben und Sonderausführungen auch für den Spielwarenhandel (wie JuJu-Toys, OG-Plasto etc.)
- Volvo 242 DL „POLIS" (1977), Pilib, Made in Sweden, Maßstab ca. 1:20, Plastikmodell mit Batterie, Antenne und Fernsteuerung

Volvo 260

- Volvo 264, Wiking, Nr. 264, Made in Germany, Maßstab 1:87, Kunststoff, Verglasung, versch. Farben
- Volvo 262 C, Impy Lone Star, Made in England, Maßstab 1:66, Spritzguss
- VOLVO 262 C 1979, Beny-Box, Schweiz, 1:43, Zinnguss, sehr schwere, handgegossene Ausführung
- Volvo 262C 1982, ESDO-Models, Made in France, 1:43, als Resine-Bausätze und -Fertigmodelle, mit Klarverglasung und Interieur
- Volvo 264 GLE/265, Baujahr 1982, Jetcar/Norev, Fabriqué en France et Portugal, Maßstab 1:43, Spritzguss, sehr viele Farben und Varianten wie „Taxi", Volvo-Werbemodell für Portugal
- Volvo 264 GLE (Modell 1982), Norev, Frankreich, 1:66, diecast, mit Verglasung, auch farbig
- 265 „Falck-Ambulance" 1982, R+M-Models, Made in Holland, Maßstab 1:43, Weißmetallguss
- Volvo 265, Matchbox Superkings, Made in England, Maßstab ca. 1:42, Spritzguss, Türen vorne und Heckklappe zum Öffnen, verschiedene Farben, auch Ambulance + Racing-Servicecar
- Volvo 265 GL 1979/265 „POLICE", Dinky Toys, Made in England, Maßstab 1:36, diecast, mit Verglasung und Interieur
- Volvo 264 GL, GLE/265 GL, GLE (alle Baujahre), Stahlberg-Werbemodell, Made in Finnland, Maßstab 1:20, Kunststoff, auch US-Versionen mit Doppelscheinwerfern

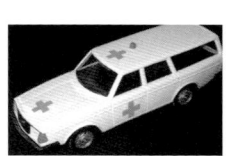

116 Volvo 140 bis 260

Entwicklungshilfe
Der Volvo 140/164/240/260 und die Modellpflege

Der Volvo 140/164

August 1966 bis Juni 1967

(Modelljahr 1967, Kennbuchstabe „M")
Chassis-Nr.   1 —   1.499   (142)
                1 —   37.099   (144)

Als im Spätsommer 1966 die 140er-Baureihe das Licht der Autowelt erblickt, tut sie das nicht nur als größere und modernere Nachfolgerin der Amazon-Baureihe (auch wenn beide Modelle eine Weile parallel zueinander gebaut werden). Mit Einführung des Neulings, der ausschließlich mit Benzin-Motoren ausgerüstet wird, rücken nicht nur Momente aktiver wie passiver Sicherheit in den Mittelpunkt (erinnert sei hier nur an die fortschrittliche Karosserie mit definierter Knautschzone und Überrollbügel), vielmehr gibt es auch in technischer Hinsicht Veränderungen zu Hauf, von denen viele übrigens – sofort oder leicht zeitverzögert – auch Amazon und P 1800 zugute kommen.

Die wichtigsten dürften folgende sein: Wegen eines erwachenden Umweltbewusstseins samt schärferer Abgasgrenzwertgesetze in einer zunehmenden Zahl von Ländern wird der bis Juni 1966 gebaute, mit einer Beschleunigerpumpe versehene Fallstrom-Vergaser Zenith VN 36 in der Basismotorisierung (B 18 A) durch den Horizontal-Vergaser Stromberg 175 CD2S ersetzt. Der neue Stromberg-Vergaser beansprucht außerdem weniger Platz, lässt sich unter

Los geht's:
Im Sommer 1966 geht der 140 an den Start. Links Tor Lidman, technischer Direktor, rechts Gunnar Engellau

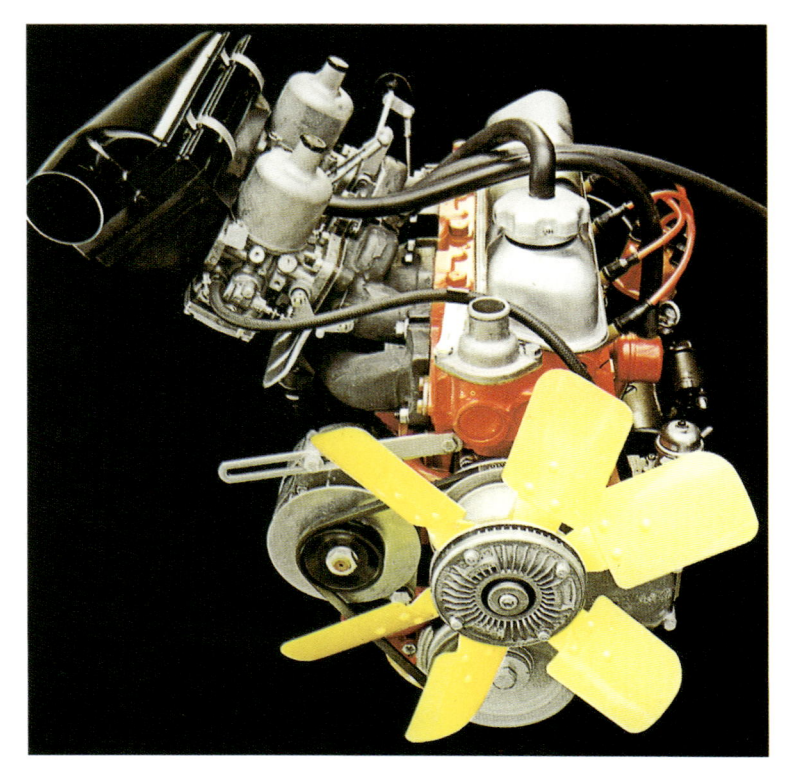

der flacheren Motorhaube des 140 also kommoder unterzubringen. In Verbindung mit einem anderen Krümmer (mit jetzt doppeltem Flammrohr-Ausgang) werden damit nun 75 DIN-PS, d.h. 7 PS mehr als bisher, bereitgestellt.

Nochmals zum Stichwort Umwelt: Eine geschlossene Kurbelgehäuseentlüftung ist fortan ebenso Stand der Technik wie ein neuer Kühler mit Expansionsgefäß (also ein sogenanntes geschlossenes Kühlsystem). Die Kupplungsbetätigung wird auf Seilzug umgestellt und eine „geteilte" Sicherheitslenksäule eingeführt. Als erster Volvo verfügt der P 140 über Scheibenbremsen auch an der Hinterachse; gleichzeitig kommt ein Zweikreis-Bremssystem zum Zuge: Bei Ausfall eines Bremskreises werden weiterhin drei Räder abgebremst. Um das Lenk- und Bremsverhalten zu verbessern, gelangen optisch kaum veränderte Stahlscheibenräder mit einer größeren Einpresstiefe von 40 mm – gegenüber 25 mm bei den bisherigen Volvo-Modellen – zum Einsatz. Außerdem beträgt der Lochkreisdurchmesser für die Radbolzen beim 140er 4,25 Zoll (statt 4,5 Zoll).

In den ersten Monaten werden ausschließlich Viertürer (P 144 bzw. 144 S) gefertigt, die Produktionsaufnahme des zweitürigen P 142 – vorerst nur mit der B 18 A-Basismotorisierung – erfolgt zum Mai 1967.

Der B 18-Motor aus dem Amazon war gründlich überarbeitet worden

Der Kombi wurde später eingeführt...

Die meisten 140er entstanden im Werk Torslanda bei Göteborg

Chefsache:
Der neue 164 –
mit Volvo-Boss Gunnar
Engellau als potenziellem
Beifahrer

August 1967 bis Juni 1968

(Modelljahr 1968, Kennbuchstabe „P")
Chassis-Nr.   1.500 – 52.899   (142)
               37.100 – 89.799   (144)
                    1 –   9.199   (145)

Der P 142 ist fortan auch mit dem „Sportmotor" B 18 B in Verbindung mit allen drei Getriebeversionen – M40 (Viergang), M41 (Viergang mit Overdrive) und BW35 (Automatik) erhältlich. Ab November 1967 ist der Kombi P 145 mit beiden Motoren und Vierganggetriebe oder Automatik lieferbar.

August 1968 bis Juni 1969

(Modelljahr 1969, Kennbuchstabe „S")
Chassis-Nr.   52.900 – 112.399   (142)
               89.800 – 138.699   (144)
                9.200 – 30.899   (145)
                    1 – 12.199   (164)

Die 1,8-Liter-Motoren (B 18) werden durch die drehmomentstärkeren B 20-Triebwerke mit 2,0 Litern Hubraum ersetzt (Vergrößerung der Zylinderbohrung von 84,14 auf 88,9 mm). Der B 20 A erhält einen Stromberg 175CD 2SE- oder, seltener, einen SU HS 6-Vergaser, der B 20 B-Motor wird mit zwei SU- oder, auch das kommt vor, mit zwei Stromberg-Vergasern bestückt. Gegenüber dem B 18 B wird das Verdichtungsverhältnis etwas zurückgenommen, außerdem kommen, zwecks Abgasreinigung, Regelklappen in der Ansaugbrücke zum Einbau sowie Kühlerventilatoren mit Viskose-Schlupfkupplung. Die Nominalleistung des B 20 B unterscheidet sich nicht von der des B 18 B, jedoch ist der Zugewinn an Drehmoment recht ordentlich ausgefallen – bei geringerer Lärmentwicklung, da die Ansaugluft nun durch einen geschlossenen Luftfilterkasten mit Filtereinlage aus Papier eingesogen wird. Damit gelangt auch der B 20 B (neben dem B 20 A) in den Genuss einer thermostatisch geregelten Ansauglufvorwärmung. Das Laycock-de-Normanville-Overdrive wurde verstärkt und ist jetzt vom Typ J (vorher: D-Typ).

Durch den neuen 164 wird das Volvo-Pkw-Programm im August 1968 nach oben abgerundet. Seine wichtigsten Merkmale sind der neue Reihen-Sechszylinder B 30, der um zehn Zentimeter verlängerte Radstand (um

Gut behandschuht:
Volvo-Fahrer hielten auf
sportliche Eleganz

Auf der grünen Wiese:
Wie würde das 140-
Design in „natürlicher"
Umgebung wirken?

August 1969 bis Juni 1970

(Modelljahr 1970, Kennbuchstabe „T")
Chassis-Nr.		
112.400 –	178.959	(142)
138.700 –	194.139	(144)
30.900 –	61.599	(145)
12.200 –	32.399	(164)

Als Ersatz für den zweckmäßigen Duett geht als sein legitimer Nachfolger der P 145 Express (ein 145 mit ab der B-Säule höherem Dach) in die Produktion, ausschließlich bestückt mit dem B 20 A-Motor samt Vierganggetriebe. In Deutschland wird dieses Modell nicht verkauft. Neu im Angebot ist dagegen der metallicblaue P 144 GL, eine besser ausgestattete Version des 144 S mit Stahlkurbeldach, Nebelzusatzscheinwerfern sowie schwarzem Ledermobiliar. Ledersitze gehören auch im 164 ab jetzt zur Serienausstattung – wer Stoffsitze bevorzugt, bekommt sie aufpreisfrei. Auch erhält der 164er separate Nebelscheinwerfer (deren Aussparungen beim Vorjahresmodell durch Blenden abgedeckt waren). Die sogenannte Zwangsentlüftung kommt dagegen sämtlichen Limousinen der 140-/164-Baureihe zugute. Äußeres Erkennungsmerkmal sind die Entlüftungsschlitze unterhalb der Heckscheibe.

Auf Initiative des amerikanischen Importeurs erscheint ein „aufgerüsteter" 142 S, der als 142 GT angeboten wird. Sofort am Radlaufchrom zu erkennen, glänzt der Innenraum dieser seltenen Stücke mit einem Drehzahlmesser auf dem Armaturenbrett, mit einem Ablagefach auf dem Kardantunnel sowie mit „front bucket seats". Auch in der Schweiz ist ein GT 20 genanntes Sondermodell lieferbar.

Der Lufteinlass beim 164 war eine Attrappe, die späteren verbauten Zusatzscheinwerfer waren sinnvoller

Platz für das neue Triebwerk zu schaffen) sowie eine luxuriöse Ausstattung samt pompöser Frontpartie. Verstärkte manuelle Getriebe von ZF (das M400 verfügt über vier Gänge, das M410 über vier Gänge plus Overdrive) tragen der höheren Motorleistungs Rechnung; außerdem steht ein Borg-Warner-Getriebeautomat BM35 bereit. Gleichzeitig rüstet Volvo alle Vier- und Sechszylinder-Motoren mit Drehstromlichtmaschinen, während die 140-Besatzung nun auf hautfreundlichen Stoffpolstern (statt bisher Kunststoff) Platz nehmen darf.

1971 neu: Zwangsentlüftung des Innenraums durch Öffnungen unter der Heckscheibe

Der seltenste aus der 140er-Reihe: Volvo 145 Express

Als Nachfolger des 123 GT gedacht, verspricht der Prospekt 105 DIN-PS. Optisch macht der Zweitürer durch seine Aufmachung (mattschwarze seitliche Rallyestreifen, mattschwarzes Mittelteil der Motorhaube, mattschwarzes Heckblech) auf sich aufmerksam; das Interieur schmückt ein Dreispeichen-Sportlenkrad.

August 1970 bis Juni 1971

(Modelljahr 1971, Kennbuchstabe „U")
Chassis-Nr.		
178.960 – 249.929	(142)
194.140 – 263.069	(144)
61.600 – 103.379	(145)
32.400 – 52.789	(164)

Auf den ersten Blick sind die '71er-Modelle der 140er-Baureihe zu erkennen – an der neuen Front mit schwarzem, chromumrandeten Grill und separaten Scheinwerferummantelungen. Auf einigen Märkten freilich kommt das alte Grill weiterhin zum Zuge: Im 142 als Einsteigermodell sowie in den beiden 145 Express-Ausführungen (verglast und unverglast). Auch die jetzt 5-Zoll-breiten Stahlräder mit anderem Design (und kleineren, verschraubten Radkappen) fallen auf; wegen seines höheren Gewichtes erhält der 164 5,5-Zoll-Felgen (nur die schlichter ausgestatteten „Sparmodelle" des 142 und 144, die nur auf wenigenn Märkten angeboten werden, behalten den alten einteiligen Kühlergrill ebenso wie die bisherigen 4,5-Zoll-Räder).

Mit Einführung des B 20 E-Einspritz-Motors (mit elektronischer Bosch D-Jetronic) kommen leistungshungrigere

Vielleicht das längste Kombi-Seitenfenster der Welt?

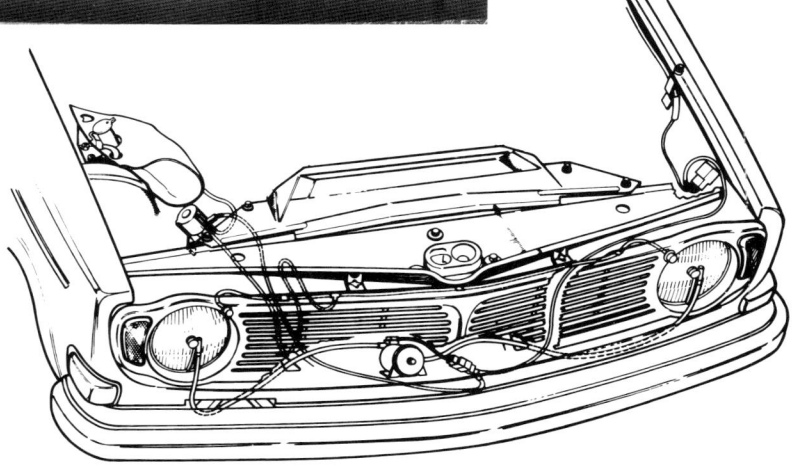

Volvo experimentierte auch mit Scheinwerfer-Waschern, im 144 wurden sie jedoch nicht realisiert

Der Grill mit den waagrechten Stäben kam 1971

Schon wieder eine Feier. Für die erste Million Volvos hatte es Jahrzehnte gedauert (bis 1965), für die zweite brauchte es nur fünf Jahre. Rechts Volvos neuer Chef, Pehr G. Gyllenhammar

Im Stil der Zeit: das 1972er Armaturenbrett

Kaufinteressenten auf ihre Kosten: 142 GL und 144 GL werden fortan von diesem Kraftpaket befeuert; sie erhalten einen größeren Wasserkühler – was wiederum eine geänderte Frontmaske erfordert (aus Rationalisierungsgründen kommen auch die Fahrzeuge mit Vergasermotoren in den Genuss dieser beider Teile). Bei Auspuff und Kardanwelle bedient sich Volvo teilweise aus dem 164-Regal, gleichzeitig wird bei allen Baureihen der Radstand um 2 cm verlängert.

Als neue Motorvariante erscheint der B 20 D-Motor, der sich vom B 20 B nur durch seine „zahmere" Nockenwelle („B"-Welle) unterscheidet; sie stellt bereits bei niedrigen Drehzahlen mehr Drehmoment bereit als das sportlichere B 20 B-Aggregat. Nur in wenigen Ländern ist dieser Motor erhältlich (bei uns nicht). Außerdem stattet Volvo B 20 B und B 20 D mit neuen SU HIF-6-Vergasern aus.

Dafür ist es jetzt auf dem deutschen Markt möglich, sich – via Zubehörkatalog – einen 142 GT (den es nach wie vor nicht als eigenständiges Modell gibt) zusammen zu stellen. Garniert mit den entsprechenden Accessoires, verfügt ein solcher 142 GT auf Wunsch über Rundinstrumente samt integriertem Drehzahlmesser, GT-Lenkrad, Zusatzscheinwerfer, GT-Stoßdämpfer, mattschwarzen oder weißen Karosserieapplikationen sowie über die sogenannten „Dunlop"-Räder, bestehend aus schwarzen Leichtmetall-

Radschüsseln (mit zehn Belüftungslöchern), die mit hochglanzverchromten Stahlfelgen vernietet sind. Leider ermöglichen die kostspieligen „Dunlop"-Räder nur die Verwendung der Serien-Bereifung; erst auf 5,5-Zoll-Räder in Stahl („Kronprinz") oder Leichtmetall („ATS") passen die damals neuen Niederquerschnittsreifen 185/70-15.

Der 145 präsentiert sich ab jetzt mit einteiligen hinteren Seitenscheiben, und bei 164 gehört die Servolenkung jetzt zum serienmäßigen Lieferumfang.

August 1971 bis Juni 1972

(Modelljahr 1972, Kennbuchstabe „W")
Chassis-Nr. 249.930 – 323.399 (142)
263.070 – 340.099 (144)
103.380 – 153.729 (145)
52.790 – 74.449 (164)

Zu den geringen optischen Modifikationen dieses Modelljahrs zählen die versenkten „Sicherheitstürgriffe". Im Innenraum findet sich ein geändertes Lenkrad (bereits aus dem Amazon bekannt), ein kurzer Schalthebel à la Volvo 164, „Holz"-Optik am Armaturenbrett mit neu gestalteten „weichen" Schaltern, geänderte Kopfstützen sowie Ablagetaschen in den vorderen Türverkleidungen. Bei Autos mit Automatik sitzt der Wählhebel nicht mehr an der Lenksäule, sondern auf dem Mitteltunnel.

Technisch umfassend retuschiert wird der Sechszylinder, der – ein Jahr nach dem 140 und auf Kundenwunsch – ebenfalls in den Genuss eines Einspritzmotors kommt und als B 30 E im P 164 E 160 PS leistet. Dazu überarbeitet Volvo Abgaskrümmer sowie Auspuffanlage und spendiert innenbelüftete Bremsscheiben vorn; deutlich mehr Chrom ziert das Heck des 164 E. In Länder mit schärferen Abgasbestimmungen wird der 164 E mit einem 145 PS leistenden B 30 F-Motor geliefert, wobei das Leistungsminus allein aus einer deutlich geringeren Verdichtung resultiert (8,7:1 statt 10:1). Für den 140 mit Einspritzmotor gilt Gleiches: Hier leistet der deutlich drehmomentschwächere B 20 F-Motor 115 PS (und begnügt sich bei den Limousinen mit der dünneren Kardanwelle der Vergasermotoren).

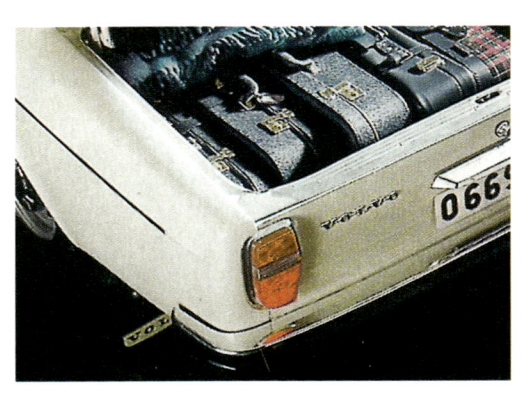

In den Zweivergaser-Motoren B 20 B/B 20 D fallen die Regelklappen in den Ansaugbrücken weg; deshalb werden beide Vergaser von einem Choke angesteuert (zuvor nur der hintere Vergaser). Allen B 20-Motoren sind nun größere Einlassventile (wie bei B 20 E/F und B 30 E/F) gemeinsam, während nur der B 30 A die Ventile mit kleinerem Durchmesser behält. Für den B 20 D nennt der Hersteller jetzt 95 PS, während der B 20 B nominal nicht erstarkt.

Automatik-Sicherheitsgurte vorn, sogenannte „Rollgurte", halten Einzug in den 140 (nachdem sie zuvor schon u.a. in den USA und im 164 zur Serienausstattung gehörten).

Detailstudien:
Die späten 140er haben eingelassene Türgriffe; geschraubte Radkappen verliert man nicht so leicht; der Kofferraum ist einer der größten seiner Zeit; der Reservekanister im fünften Rad ist ein gesuchtes Extra

August 1972 bis Juni 1973

(Modelljahr 1973, Kennbuchstabe „Y")
Chassis-Nr.	323.400 – 393.949	(142)
	340.100 – 427.999	(144)
	153.730 – 210.049	(145)
	74.450 – 102.949	(164)

Als stark gewöhnungsbedürftig empfinden viele beim 140er die klobigen vorderen Blinker und die riesigen Rücklichteinheiten, die zusammen mit „Plaste"-Kühlergrill und veränderten vorderen Stoßstangen samt hochgesetztem Nummernschild das Erscheinungsbild der 73er-Modelle prägen; dezenter sind die Maßnahmen an der Front des P 164: ein weniger tief herunterreichendes Kühlergrill und gerader Stoßstange. Weitere Retuschen finden sich im Innenraum, wo das völlig renovierte Sicherheitsarmaturenbrett und das Sicherheitslenkrad mit großer Prallplatte dominieren. Der zuvor wenig geliebte Bandtacho gehört der Vergangenheit an (die neuen Anzeigeinstrumente finden sich später sogar in der 240-/260-Baureihe wieder). Die wuchtige Mittelkonsole beherbergt jetzt die verbesserte Heizungs- und Lüftungsbedienung und das Radiofach.

Zu den wenigen technischen Detailänderungen gehört die Einführung eines neuen Querstrom-Wasserkühlers sowie eines Gaszugs (statt Gasgestänge). Der B 20 D-Motor entfällt, der (kaum nachgefragte) B 20 B erhält vom B 20 F-Triebwerk Konkurrenz, das aus einem 140 S einen E (142 E/144 E/145 E) macht. Deutsche Volvo-Kunden freuen sich, dass der beliebte 145 endlich auch mit dem wirtschaftlicheren B 20 A-Motor erhältlich ist. Gleichzeitig wird mit „sicheren" Türen geworben, die in ihrem Inneren mit dicken Stahlrohren armiert werden. Die hinteren Türen bekommen Kindersicherungen.
Da sie von Jahr zu Jahr an Gewicht zulegen, rollen die 164-Flaggschiffe nun auf 175er Bereifung mit entsprechend höherer Tragfähigkeit. Der 164 mit B 30 A-Vergasermotor wird auf vielen Märkten – so auch in Deutschland – ausrangiert.

Zum Schluss war das 140er Armaturenbrett richtig modern

Erleuchtung? Plastikgrill und dicke Rücklichter

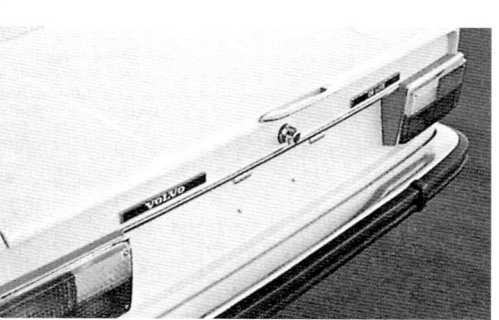

Die Gesichter des 164: gerundete und gerade Stoßstange (rechts)

August 1973 bis Juni 1974

(Modelljahr 1974, Kennbuchstabe „A")
Chassis-Nr. 393.950 – 458.306 (142)
  428.000 – 519.466 (144)
  210.050 – 268.326 (145)
  102.950 – 132.566 (164)

Sicherheit spielt im Hause Volvo eine immer wichtigere Rolle – was sich schon optisch zeigt: Wuchtige, stoßverzehrende Stoßstangen prägen sämtliche Baureihen. Um die Brandgefahr zu reduzieren, wandert der Tank (und damit sein Einfüllstutzen) weiter nach vorne (Richtung Hinterachse), in eine weniger aufprallgefährdete Zone (damit entsprechen die 74er Volvos von der Karosserie her ab der A-Säule weitestgehend der späteren 240-/260-Baureihe). Diese konstruktiven Eingriffe am Heck erfordern geänderte Auspuffanlagen und Anhängevorrichtungen. Die Scheiben der Vordertüren kommen künftig ohne Ausstellfenster aus, neue, größere Außenspiegel werden eingeführt und die Verstellmechanismen der Vordersitze modifiziert.

Als Spitzenmodell erscheint der 164 TE („Top Executive"), dessen Ausstattung mit Klimaanlage, 8-Spur-Stereo-CR mit vier Lautsprechern, Metalliclackierung, Scheinwerfer-Wisch/Wasch-Anlage, Teppichboden im Kofferraum, Kopfstützen, Leselampen im Fond und weiteren Zutaten hohen Ansprüchen genügt. Ein Merkmal, den beheizten Fahrer-

Wenn das nicht Pop ist: die bunte Welt der Siebziger lässt grüßen

Vollgepackt: der einst so leere Motorraum

Riskiert eine dicke Lippe: später 142

Spot the Difference? Die Ausstellfenster in den vorderen Türen fehlen jetzt

sitz, teilt sich der 164 TE allerdings mit 144 GL und 164 E. H4-Hauptscheinwerfer gehören bei allen Modellen ab jetzt zur Serienausstattung.

Unter der Motorhaube kommt bei den B 20 E- bzw. B 20 F-Einspritzmotoren jetzt eine neue Bosch K-Jetronic mit „Continuous Injection" (CI) zum Zuge, also ein mechanisches Saugrohr-Einspritzsystem mit Luftmengenmesser/Kraftstoff-Mengenteiler. Im Inneren der Einspritzmotoren wird die bisherige „D"- durch eine „K"-Nockenwelle ersetzt, wodurch sich das Drehmoment im unteren Drehzahlbereich verbessert – ohne die Höchstleistung zu beeinträchtigen. Zeitgleich erfolgt beim B 20 E eine geringfügige Herabsetzung der Verdichtung. Allen Motoren ist eine weitgehende Umstellung auf metrische Maße gemein. Auch Pleuel, Pleuellager, Kolben und Schwungrad, etc. erfahren Änderungen (im Hinblick auf die in Zukunft zu erwartende neue Generation von ohc-Triebwerken).

August 1974 bis Juni 1975

(Modelljahr 1975, Kennbuchstabe „B")
Chassis-Nr.   132.567 – 153.179   (164)

Hat die Volvo 140-Baureihe bereits den neuen P 240/260 Platz gemacht, so startet der 164 E in einigen wenigen Ländern zu seiner letzten Runde. Äußerlich identifizierbar an den abermals vergrößerten Rücklichtern (die identisch sind mit denen des brandneuen P 264), weisen im Innenraum etwa die neuen Sitze mit neu gestalteten Kopfstützen auf „moderne Zeiten" hin. Auch die Einpresstiefe (25 statt 40 mm) der in Größe und Design unveränderten (und heute sehr gesuchten) Felgen ändert sich.

Heckmeck: Die drei Rückleuchten des Volvo 164

126 Volvo 140 bis 260

Der Volvo 240/260

August 1974 bis Juni 1975

(Modelljahr 1975)
Chassis-Nr.
1 – 53.864 (242 B)
1 – 82.797 (244 B)
1 – 54.709 (245 B)
1 – 9.674 (264 B)

Volvo schickt die neuen Baureihen P 240 und P 260 ins Rennen, die sich in vielen Punkten am Volvo Experimental Safty Car (VESC) orientieren. Neben einem Fahrwerk mit vorderen McPherson-Federbeinen, 14-Zoll-Rädern (in den Breiten 5 und 5,5 Zoll) sowie einer modernen Zahnstangenlenkung sorgen vor allem die Motoren für Aufsehen: Neue Vierzylinder (B 21) mit obenliegender Nockenwelle samt Alu-Zylinderkopf und halbkugelförmigen Brennräumen sorgen bei der 240-Baureihe für Vortrieb; dem Topmodell des Hauses bleibt jener gemeinsam mit Peugeot und Renault ausgetüftelte „Euromotor" vorbehalten, ein aufwändiger Sechszylinder-V-Motor (ursprünglich als V8 konzipiert – daher der Zylinderwinkel von 90°) mit Alukopf und -block, der nach Volvo-Terminologie B 27 heißt. Aber selbst der ebenso betagte wie robuste B 20-Motor (ein Vierzylinder-Stoßstangenaggregat) kommt zu neuen Ehren: Im Einstiegsmodell 242 L (als B 20 A) und – auf wenigen Märkten – sogar im Spitzenmodell 244 GL als Einspritzer B 20 F; die weitaus überwiegende Anzahl der 244 GL-Modelle weist allerdings den B 21 E-Motor auf. Ist das in den Ausstattungsvarianten DL und GL erhältliche Sechszylinder-Modell nur als viertürige Limousine 264 erhältlich, so gibt es den Vierzylinder als Zwei- (242), Vier- (244) und Fünftürer (245).

Dafür begnügen sich die Vierzylinder mit den „alten" Getriebeversionen: M40 (Viergang), M41 (Viergang mit Overdrive), Automatik (BW35) – während die Sechszylinder in den Genuss einer neuentwickelten Borg-Warner-Automatik (BW55) kommen. Wer manuell schalten möchte, tut dies mit den verstärkten Getrag-Getrieben M50 (Viergang) bzw. M51 (Viergang mit Overdrive).

Gemeinschaftsprodukt: Der von Peugeot, Renault und Volvo entwickelte PRV-Alu-V6

Erste Variante: Frühe Rückleuchte der 240er-Serie, wie bei den letzten 140ern

Aller 240er Anfang: Frühe Frontpartie, sachlich – aber gewöhnungsbedürftig

Nützliches Deatil beim Kombi: der Heckwischer

Kombi Stretch: 240 Transfer

August 1975 bis Juni 1976

(Modelljahr 1976)
Chassis-Nr. 53.865 – 99.679 (242 E)
82.980 – 174.909 (244 E)
54.710 – 115.349 (245 E)
9.675 – 34.469 (264 E)
1 – 8.114 (265 E)
1 – 2.429 (262 E)

bestimmt ist (eine wenige 262 DL-Limousinen sollen in Schweden ausgeliefert worden sein). Bei den 240ern wie bei den 260ern werden neue manuelle Getriebe (M45 und M46) eingeführt und ersetzen (bis auf die für wenige Märkte im 242 L weitergebaute M40-Box) die bisherigen Aggregate; der 240 profitiert wie sein größerer Bruder von der neuen Automatik (BW55).

Innenraum mit typischen Kopfstützen

Auch rechtsgelenkt lieferbar: die 200-Serie

Der Volvo 265 debütiert, ein eleganter Kombi, der ebenfalls als DL und GL zu haben ist; sein Sechszylinder wird als B 27 A, E und F verbaut. Gleichzeitig erscheint der 264 TE (Top Executive), eine in Zusammenarbeit mit Carrozzeria Bertone in Italien gefertigte Stretchlimousine mit 70 cm mehr Radstand und zwei zusätzlichen Klappsitzen. Eine weitere Sechszylinder-Version ist der zweitürige 262, der als GL für den amerikanischen Markt

August 1976 bis Juni 1977

(Modelljahr 1977)
Chassis-Nr. 99.680 – 122.894 (242 H)
174.910 – 274.964 (244 H)
115.350 – 163.834 (245 H)
34.470 – 46.514 (264 H)
8.115 – 10.919 (265 H)
2.430 – 2.659 (262 H)

Zur Senkung der Schadstoff-Emmission präsentiert die AB VOLVO als wichtigste Neuheit des Jahres 1976 einen Katalysator samt Lambda-Sonde, dessen Einsatz unverbleites Benzin verlangt (und der daher zunächst nur auf dem US-Markt zum Zuge kommt). Der bewährte B 20 A ist von einem modernen 2,0-Liter-Motor (B 19 A, ein im Hubraum reduzierter B 21) mit 90 PS ersetzt worden; die Motorenpalette der Vierzylinder umfasst nun die Ausführungen B 19 A und E sowie B 21 A, E und F. Andere Hinterachsübersetzungen (3,73 und 3,91 statt 3,91 und 4,1:1)

50 Jahre Volvo: das 244er-Jubiläumsmodell

kommen bei der 240-Baureihe zum Zuge, ein neues Lenkrad mit größerem Pralltopf sorgt für mehr Sicherheit, die Bremsleitungen bestehen aus Kupfer. Die AB VOLVO feiert im April 1977 ihr 50jähriges Firmenjubiläum mit einem 244 DL, der an seiner silbernen Lackierung mit den schwarzen und goldenen Dekorstreifen an der Seite sofort zu erkennen ist. Seine weiteren Besonderheiten: Kleine Metalltafeln mit dem Text: „Volvo 1927–1977" zieren Flanken und Armaturenbrett, die Sitze sind mit blauem Velours bezogen. Neben dieser „offiziellen" Jubiläumsedition feierten auch einige Importeure den großen Anlass mit Sondermodellen – wie Volvo Canada mit einem in 20 Exemplaren gebauten GLX auf 240-Basis.

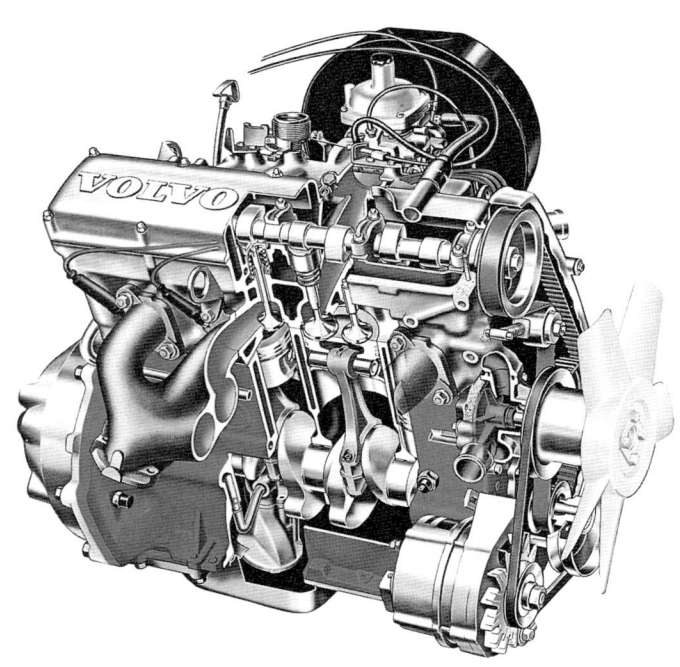

Neue Generation: die ohc-Vierzylinder, hier der B 21 A

August 1977 bis Juni 1978

(Modelljahr 1978)
Chassis-Nr.   122.895 – 142.124 (242 L)
                    274.965 – 364.649 (244 L)
                    163.835 – 211.324 (245 L)
                      46.515 – 62.104 (264 L)
                      10.920 – 15.734 (265 L)
                        2.660 – 4.329 (262 C)*

*Die für den amerikanischen Markt gebaute, zweitürige Sechszylinder-Limousine 262 sowie das als „Bertone" bekannte 262 C Coupé werden von der AB VOLVO nicht nach ihren Chassis-Nummern unterschieden, sondern fortlaufend geführt (bis Chassis-Nummer 9.296 im Modelljahr 1981). Vom 262 C entstehen insgesamt 6.622 Exemplare.

Volvo bringt den sportlich aufgemachten, silbernen 242 GT (mit strafferem Fahrwerk sowie 123 PS-B 21 E-Triebwerk) und zeigt Anfang 1978 auf dem Brüsseler Salon den „langen" 245 T (für Transfer), der wie der 264 TE über 70 cm mehr Radstand verfügt. Weitere Modellpflegemaßnahmen: Der 244 GL erhält serienmäßig ein Stahlkurbeldach mit Windabweiser und die 240er eine leicht modifizierte Frontpartie (Chromleisten umrahmen nur noch Grill und Scheinwerfer,

Schau mir in die Augen, Großer: US-Doppelscheinwerfer

Safety first: Stahlarmierung in den Türen

Kurzlebig: Merkmale der Frontpartie des 1978er Modelljahrs beim 240

Neu im Programm: das 262 C genannte Bertone-Coupé

In Deutschland selten: 242 GT auf einem dänischen Volvo-Treffen

nicht aber die Blinker). Bereits auf dem Genfer Automobilsalon im März 1977 hat der 262 C seinen Einstand gefeiert, ein hochluxuriöses Coupé mit flacher, eigenartiger Dachpartie. Carrozzeria Bertone ist, wie beim 264 TE, auch bei dieser Schöpfung für die Endmontage zuständig.

August 1978 bis Juni 1979

(Modelljahr 1979)

Chassis-Nr.		
142.125	–	165.569 (242 M)
364.650	–	482.504 (244 M)
211.325	–	264.754 (245 M)
62.105	–	83.054 (264 M)
15.735	–	21.754 (265 M)
4.330	–	6.449 (262 C)

Auf dem Pariser Salon debütiert ein Volvo 240 mit VW-Dieselmotor, der kurz darauf als D 24 mit 2,4 Liter Hubraum und sechs Zylindern (für manche Märkte gibt es einen kleineren D 20-Fünfzylinder) die Modelle 244 D6 und 245 D6 unter lauten Nagelgeräuschen in Bewegung setzt. Mehr Mumm hat ein B 23 E genannter Benziner, der 140 PS mobilisiert und etwa den 242 GT beflügelt. Eine dritte, abermals „längere" Hinterachse (3,54:1) sorgt für eine gestiegene Höchstgeschwindigkeit (bei schwächerer Beschleunigung), während Innenkotflügel aus Kunststoff den Korrosionsschutz verbessern. Von außen sind sämtliche 240er – auch die Kombimodelle, denen Volvo ein verstärktes Chassis spendiert – an dezenten Frontspoilern und eckigen Scheinwerfern zu erkennen: Die billigeren DL-Ausführungen fahren mit quadratischen, die kostspieligeren GL- und GLE-Modelle mit rechteckigen Lampen vor; alle Ausführungen rollen künftig auf schlichter geformten Rädern. Dazu gibt es bei Zwei- und Viertürern neue Rückleuchten sowie einen anderen Kofferraumdeckel.

Großer Bahnhof: Der viermillionste Volvo-Pkw lässt sich am 12. Oktober 1979 feiern

August 1979 bis Juni 1980

(Modelljahr 1980)
Chassis-Nr.   165.570 – 189.179   (242 A)
               482.505 – 592.109   (244 A)
               264.755 – 317.939   (245 A)
                83.055 – 107.609   (264 A)
                21.755 – 28.319   (265 A)
                 6.450 –   8.374   (262 C)

Volvo lanciert aktuelle, auf die gesetzlichen Anforderungen der verschiedenen Märkte zugeschnittene Motoren: Bei den Vierzylindern den B 17 A (etwa für Griechenland oder Israel). Während bei den Sechszylindern B 28 A und F die entsprechenden B 27-Versionen ersetzen; nur der B 27 E überlebt. Der 240 GLT (Grand Luxe Touring) macht seine Aufwartung und ist überwiegend mit einem B 23 E von 140 PS versehen (und nur in bestimmten Ländern mit dem 141 PS starken B 28-Sechszylinder); eines der GLT-Erkennungsmerkmale sind seine breiteren Rückleuchten und die mattschwarzen Einfassungen sämtlicher Scheiben.

Innovation zum Modelljahr 1980: der Sechszylinder-Dieselmotor

August 1980 bis Juni 1981

(Modelljahr 1981)
Chassis-Nr. 189.180 – 206.779 (242 B)
592.110 – 686.099 (244 B)
317.940 – 368.309 (245 B)
107.610 – 125.109 (264 B)
28.320 – 30.679 (265 B)
8.375 – 9.296 (262 C)

Seit dem Pariser Autosalon im Herbst 1980 haben die Vierzylinder ein neues Spitzenmodell: den 240 Turbo, 155 PS stark und rund 200 km/h schnell. Zu erkennen ist dieser potente Zwei- bzw. Viertürer (bei dem ein Turbolader des Typs TB03 der amerikanischen Firma Garrett AiResearch die Leistung nach oben bläst) an den schwarzen Fensterrahmen, den schwarzen Stoßfängern, dem schwarzen Wabengrill sowie an den speziellen Leichtmetall-Räder. Neben diesen B 21 ET-/B 21 FT-Triebwerken (auf dem amerikanischen Markt ist eine zwei- oder viertürige 240 GTL-Turbo-Limousine lieferbar) bereichert mit dem B 19 ET ein weiterer Turbomotor das Motorenprogramm, dazu gibt es den B 23 A mit einem Vergaser und 112 PS; bei den Sechszylindern wird der B 27 E vom B 28 E abgelöst. Eine Abgasrückführung (Exhaust Gas Recirculation, kurz EGR genannt) verringert den Schadstoffausstoß. Bei allen Modelle sorgen schmalere Stoßfänger und ein neues Armaturenbrett außen wie innen für mehr Attraktivität; der 245 erstrahlt mit neuen Rückleuchten. Alle Modelle erhielten eine überarbeitete Front mit neuen Blinker/Standlichteinheiten (was andere Kotflügel erforderte) sowie schwarze Rahmen der Seitenfenster.

August 1981 bis Juni 1982

(Modelljahr 1982)
Chassis-Nr. 206.780 – 223.939 (242 C)
686.100 – 812.609 (244 C)
368.310 – 434.459 (245 C)
125.110 – 131.500 (264 C)
30.680 – 33.009 (265 C)

Der kleine D 20-Dieselmotor ist, nahezu unbemerkt, ausrangiert worden, ebenso wie das extravagante 262 C Coupé auf dem Abstellgleis (und damit aus dem Programm) verschwunden ist. Dafür gibt es den Turbo-Kick nun auch im 245, während die AB VOLVO mit dem 245 Transport (je nach Bestimmungsland auch Varuvagn oder Delivery Van genannt) einen spartanischen „Lastesel" ohne hintere Sitzbank, aber mit Trenngitter einführt; sogar mit durchgängigem Hochdach ist dieser praktische 245 lieferbar.

Modellpflege: typische 80er-Jahre Front- (mit Spoiler!) und Heckansichten

Express-Zuschlag: der Turbo

August 1982 bis Juni 1983

(Modelljahr 1983)

Chassis-Nr.	223.940 – 237.369	(242 D)
	812.610 – 939.339	(244 D)
	434.460 – 506.269	(245 D)
	33.010 – 34.029	(265 D)

Die Vier- und Sechszylinder-Baureihen heißen ab sofort 240 und 260, lassen in ihrer Typbezeichnung also keine Rückschlüsse mehr auf die Zahl ihrer Türen zu (nach wie vor sind Zwei-, Vier- und Fünftürer lieferbar). Der 240 Kombi ist hier und da ebenfalls mit dem 155 PS-Turbomotor lieferbar (in Schweden erst ab Modelljahr 1984). Ein ganz heißes Eisen ist der 242 Turbo Intercooler „Special Edition", der zu Homologationszwecken in einer Serie von 500 Exemplaren für den US-Markt entsteht (Volvo R-Sport bietet diesen Turbo Intercooler später als Nachrüstkit an). Sämtliche 1983er-Modelle lassen sich an ihren schwarzen Seitenzierleisten sofort identifizieren. Die 260-ähnliche „Export-Frontpartie" mit ihrer hochgezogenen Haube verleiht dem 240 auf einigen Märkten (nicht aber auf dem schwedischen) eine leicht verändertes Aussehen; die Kühlermaske ist gleich in drei Kombinationen lieferbar: Grill schwarz, Rahmen schwarz; Grill Alu glänzend, Rahmen schwarz, Grill und Rahmen glänzend.

August 1983 bis Juni 1984

(Modelljahr 1984)

Chassis-Nr.	237.370 – 245.257	(242 E)
	939.340 – 999.999	(244 E)
	1 – 72.449	(244 E)
	506.270 – (591.999	245 E)
	34.030 – 34.889	(265 E)

Der viertürige 240 wird 999.999 mal gebaut – und beginnt, wie knapp zehn Jahre vorher, erneut mit Chassis-Nr. 1; dagegen kommt es beim 240 Kombi in Sachen Chassis-Nummer zu kleinen „Unregelmäßigkeiten", was in den Modelljahren 84 und 85 für Verwirrung sorgt. Eine „lange", 3,31:1 übersetzte Hinterachse ergänzt das Programm. Die „Export-Front" in mattschwarzer Ausführung wird auf dem schwedischen Markt eingeführt, bleibt aber den Einspritzern vorbehalten. Dafür werden sämtliche Modelle nun mit den breiteren Heckleuchten (bis dahin ein GLT-Merkmal) ausgestattet.

August 1984 bis Juni 1985

(Modelljahr 1985)
Chassis-Nr. 72.450 – 145.709 (244 F)
(592.000) – 660.379 (245 F)
34.890 – 35.594 (265 F)

Das Motorenprogramm wird nach und nach komplett erneuert; den Anfang machen B 200 K, B 200 E, B 230 A und B 230 E – neuentwickelte „Leichtlauf"-Vierzylinder, die sich durch geringen Verschleiß und hohe Laufkultur auszeichnen (also nicht nur leiser und laufruhiger sind, sondern auch weniger verbrauchen). Befürchtungen, die neue Triebwerks-Generation (die mit kontaktlosen Zündanlagen geliefert werden) könne weniger robust und langlebig sein als ihre Vorgänger, sollen sich als unbegründet erweisen. Sämtliche Modelle erhalten asbestfreie Bremsbeläge. Mit dem Kombi tritt der letzte Vertreter der 260-Baureihe ab.

August 1985 bis Juni 1986

(Modelljahr 1986)
Chassis-Nr. 145.710 – 215.299 (244 G)
660.380 – 718.699 (245 G)

Als wichtigste Neuerung lanciert die AB VOLVO in einigen Ländern (darunter Deutschland) den 230 F-Motor mit LH-Jetronic von Bosch und geregelter Dreiwege-Kat mit Lambda-Sonde, außerdem wird eine achtjährige Garantie gegen Durchrostung (zahlreiche Bleche von Karosserie und Bodengruppe sind verzinkt) eingeführt. Zu erkennen sind die neuen Modelle an ihrem aufgefrischten Outfit: Die Front präsentiert sich mit flacher Haube und überarbeitetem Kühlergrill, die Wagenflanken sind bis oberhalb des Schwellers duch schwarze bzw. graue Kunststoffauflagen geschützt, und die Limousinen haben einen tiefer herunter gezogenen Kofferdeckel (mit einem dadurch „beladbarerem" Kofferraum). Sämtliche „alten" Triebwerke (B 17 A, B 19 ET, B 21 ET, B 21 FT) sind weggefallen, sodass die Motorenpalette (neben dem unverdrossen angebotenen Diesel) aus B 200 K, B 200 E, B 230 A, B 230 E und B 230 F besteht.

August 1986 bis Juni 1987

(Modelljahr 1987)
Chassis-Nr. 215.300 – 278.399 (244 H)
718.700 – 766.599 (245 H)

Ohne bemerkenswerte Modifikationen.

State of the Art: die neuen Leichtlaufmotoren

August 1987 bis Juni 1988

(Modelljahr 1988)
Chassis-Nr. 278.400 – 334.099 (244 J)
766.600 – 808.999 (245 J)

Der 240 GLE, der seit dem Modelljahr 1984 aus dem Programm verschwunden war, ist (zumindest auf bestimmten Märkten) wieder lieferbar.

August 1988 bis Juni 1989

(Modelljahr 1989)
Chassis-Nr. 334.100 – 386.699 (244 K)
809.000 – 846.099 (245 K)

Ohne bemerkenswerte Modifikationen.

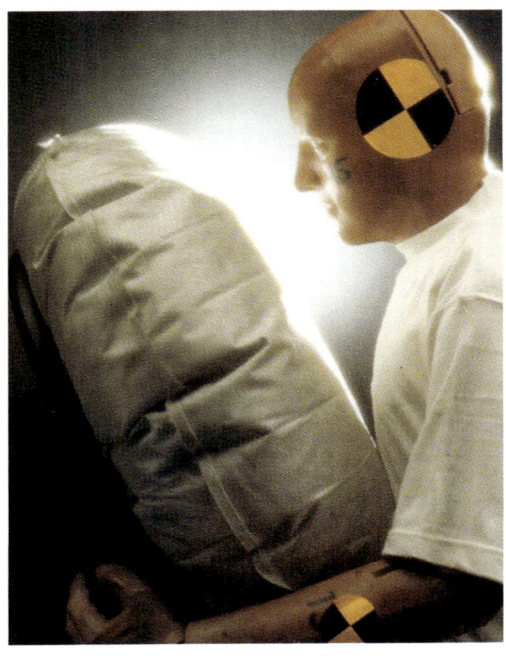

Sicherheit groß geschrieben: Ab Modelljahr 1990 ist der Airbag auf Wunsch lieferbar

August 1989 bis Juni 1990

(Modelljahr 1990)
Chassis-Nr. 386.700 – 429.799 (244 L)
846.100 – 883.199 (245 L)

Alle Modelle sind auf Wunsch mit Airbag lieferbar; der 240 Kombi erhält serienmäßig eine größere, ohne Fensterdichtung verklebte Heckscheibe, während die Limousine mit anders angeordneten Rückleuchten aufwartet.

August 1990 bis Juni 1991

(Modelljahr 1991)
Chassis-Nr. 429.800 – 457.499 (244 M)
883.200 – 910.499 (245 M)

Alle Modelle sind gegen Aufpreis mit dem Anti-Blockier-System ABS lieferbar, der B 230 K-Motor ist ausrangiert bzw. durch den leistungsfähigeren B 230 FX mit 136 PS ersetzt, und das M45-Getriebe nicht mehr lieferbar.

Die schlichte Eleganz der Viertürer-Limousinen

Modern: die letzte Ausführung des 240-Armaturenbretts

August 1991 bis Juni 1992

(Modelljahr 1992)
Chassis-Nr.   457.500 – 478.399 (244 N)
               910.500 – 939.099 (245 N)

Kurz vor Toresschluss spendiert Volvo nochmals leichte Retuschen an Fahrwerk und Interieur – und weckt mit neuen Modellbezeichnungen (je nach Markt) Interesse: Neben dem schlicht Volvo 240 genannten Basismodell (vier- und fünftürig) kommen die „alten Schweden" als GL, Classic oder SE (Limousine) bzw. als GL, Classic oder SE, Superclassic, Family Edition und Polar (je nach Markt) daher. Dazu gibt es (auch hier wieder: auf bestimmten Märkten) ein Kühlergrill mit lackiertem Rahmen – mit und ohne zusätzlicher Chromverzierung.

August 1992 bis 7. Mai 1993

(Modelljahr 1993)
Chassis-Nr.   478.400 – 490.214 (244 P)
               939.100 – 962.443 (245 P)

Am 7. Mai 1993 wird die Produktion dieser markanten Automobile eingestellt: Nach nahezu 20 Jahren verlässt der letzte 240er, ein Kombi in „italienischer" Polar-Ausführung, das Werk – in Richtung Volvo-Museum, wo es heute bewundert werden kann. Eine Ära endet.

Family Edition, wörtlich genommen: der geräumige 240 Kombi

Abgesang auf einen Bestseller: der letzte 240 Kombi mit der Chassis-Nummer 962.443, heute im Volvo-Museum in Göteborg zu bewundern

Technische Daten

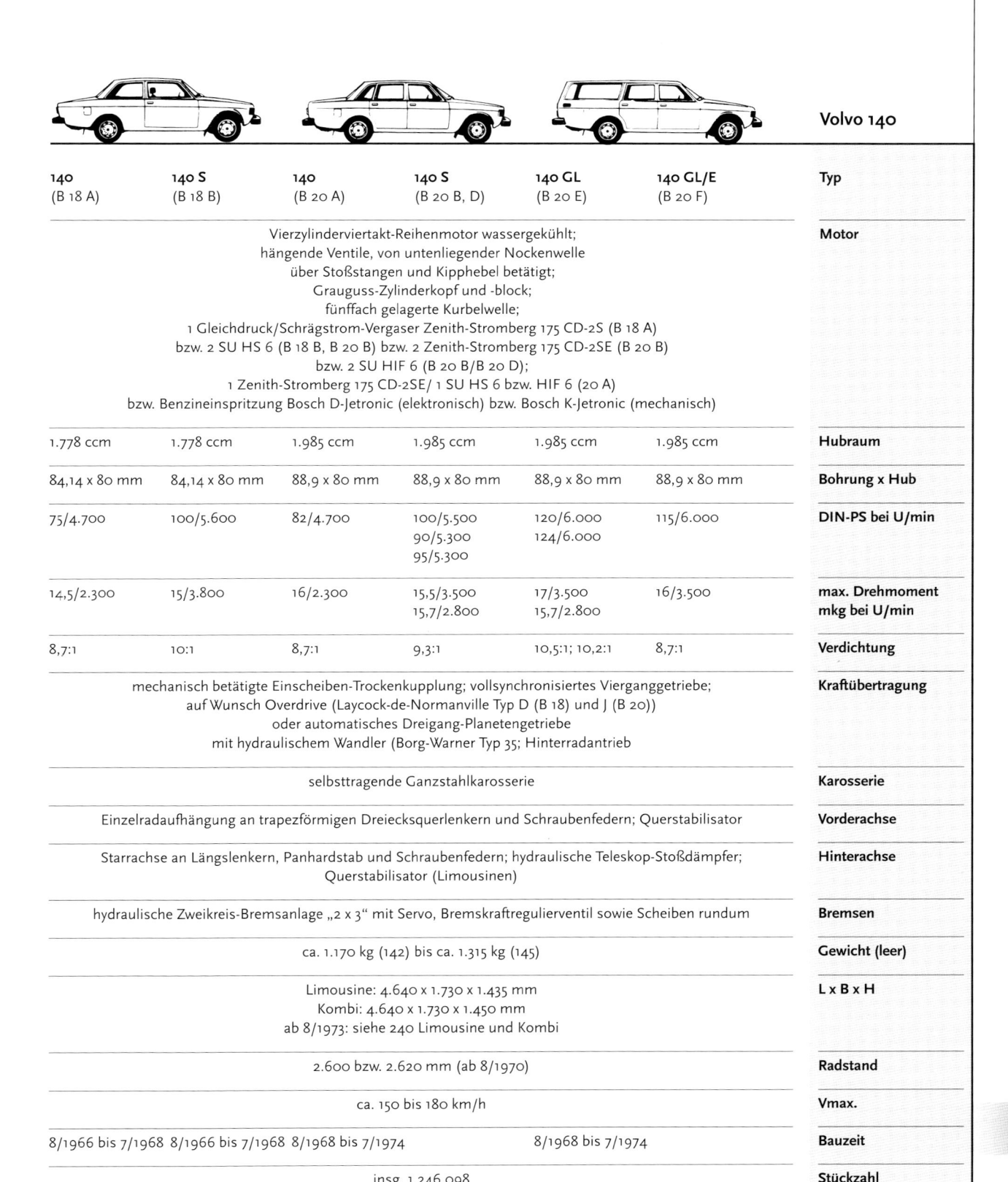

Volvo 140

140 (B 18 A)	140 S (B 18 B)	140 (B 20 A)	140 S (B 20 B, D)	140 GL (B 20 E)	140 GL/E (B 20 F)	Typ
Vierzylinderviertakt-Reihenmotor wassergekühlt; hängende Ventile, von untenliegender Nockenwelle über Stoßstangen und Kipphebel betätigt; Grauguss-Zylinderkopf und -block; fünffach gelagerte Kurbelwelle; 1 Gleichdruck/Schrägstrom-Vergaser Zenith-Stromberg 175 CD-2S (B 18 A) bzw. 2 SU HS 6 (B 18 B, B 20 B) bzw. 2 Zenith-Stromberg 175 CD-2SE (B 20 B) bzw. 2 SU HIF 6 (B 20 B/B 20 D); 1 Zenith-Stromberg 175 CD-2SE/ 1 SU HS 6 bzw. HIF 6 (20 A) bzw. Benzineinspritzung Bosch D-Jetronic (elektronisch) bzw. Bosch K-Jetronic (mechanisch)						Motor
1.778 ccm	1.778 ccm	1.985 ccm	1.985 ccm	1.985 ccm	1.985 ccm	Hubraum
84,14 x 80 mm	84,14 x 80 mm	88,9 x 80 mm	88,9 x 80 mm	88,9 x 80 mm	88,9 x 80 mm	Bohrung x Hub
75/4.700	100/5.600	82/4.700	100/5.500 90/5.300 95/5.300	120/6.000 124/6.000	115/6.000	DIN-PS bei U/min
14,5/2.300	15/3.800	16/2.300	15,5/3.500 15,7/2.800	17/3.500 15,7/2.800	16/3.500	max. Drehmoment mkg bei U/min
8,7:1	10:1	8,7:1	9,3:1	10,5:1; 10,2:1	8,7:1	Verdichtung
mechanisch betätigte Einscheiben-Trockenkupplung; vollsynchronisiertes Vierganggetriebe; auf Wunsch Overdrive (Laycock-de-Normanville Typ D (B 18) und J (B 20)) oder automatisches Dreigang-Planetengetriebe mit hydraulischem Wandler (Borg-Warner Typ 35; Hinterradantrieb)						Kraftübertragung
selbsttragende Ganzstahlkarosserie						Karosserie
Einzelradaufhängung an trapezförmigen Dreiecksquerlenkern und Schraubenfedern; Querstabilisator						Vorderachse
Starrachse an Längslenkern, Panhardstab und Schraubenfedern; hydraulische Teleskop-Stoßdämpfer; Querstabilisator (Limousinen)						Hinterachse
hydraulische Zweikreis-Bremsanlage „2 x 3" mit Servo, Bremskraftregulierventil sowie Scheiben rundum						Bremsen
ca. 1.170 kg (142) bis ca. 1.315 kg (145)						Gewicht (leer)
Limousine: 4.640 x 1.730 x 1.435 mm Kombi: 4.640 x 1.730 x 1.450 mm ab 8/1973: siehe 240 Limousine und Kombi						L x B x H
2.600 bzw. 2.620 mm (ab 8/1970)						Radstand
ca. 150 bis 180 km/h						Vmax.
8/1966 bis 7/1968	8/1966 bis 7/1968	8/1968 bis 7/1974		8/1968 bis 7/1974		Bauzeit
insg. 1.246.098 (davon 142: 458.306, 144: 519.466, 145: 268.326)						Stückzahl

Volvo 164

Typ	164 (B 30 A)	164 E (B 30 E/F)	B 20 A, B 20 F	D 24*
Motor	Sechszylinderviertakt-Reihenmotor; wassergekühlt; hängende Ventile, von untenliegender Nockenwelle über Stoßstangen und Kipphebel betätigt; siebenfach gelagerte Kurbelwelle; 2 Zenith-Stromberg-Horizontalvergaser 175 CD2 (164) bzw. elektronisch gesteuerte Bosch-Benzineinspritzung (164 E)		Vierzylinderviertakt-Reihenmotor; wasserge.; häng. Ventile, v. untenliegender Nockenwelle ü. Stoßstangen u. Kipphebel betätigt; Grauguss-Zylinderkopf u. -block; fünffach gelagerte Kurbelwelle; ein Horizontalverg. SU-HIF 6/Bosch K-Jetronic	Sechszyl.-Wirbelkammer-Dieselmotor; wasserge.; hängende Ventile, v. obenliegender Nockenwelle ü. Zahnriemen betätigt; Leichtmetall-Zylinderkopf; siebenfach gelagerte Kurbelwelle; Verteiler-Einspritzpumpe Bosch VE; mech. Fliehkraftregler
Hubraum	2.979 ccm	2.979 ccm	1.985 ccm	2.383 ccm
Bohrung x Hub	88,9 x 80 mm	88,9 x 80 mm	88,9 x 80 mm	76,5 x 86,4 mm
DIN-PS bei U/min	130/5.000	160/5.500 (B 30 E) 145/5.500 (B 30 F)	82/4.700 (A) 115/6.000 (F)	82/4.800 79/4.700
max. Drehmoment mkg bei U/min	21/2.500	23,5/2.500 22/2.500	16/2.300 (A) 16/3.500 (F)	14,3/2.800 14,3/2.400
Verdichtung	9,2:1	10:1; 8,7:1	8,7:1	23,5:1 23,0:1
Kraftübertragung	mechanisch betätigte Einscheiben-Trockenkupplung; vollsynchr. Vierganggetriebe, a.W. mit Overdrive; Borg-Warner-Getriebeautomatik (hydraulisch. Drehmomentwandler mit Dreigang-Planetengetriebe)		Mechanisch betätigte Einscheiben-Trockenkupplung; vollsynchronisiertes Vier- bzw. Fünfganggetriebe (ab Bj. 1984 im D 24); auf Wunsch Overdrive (Laycock-de-Normanville Typ J) o. autom. Dreigang-Planetengetriebe mit hydraulischem Wandler (Borg-Warner Typ 35 (B 20) und Typ 55 (D 24); Mittelschalthebel; Hinterradantrieb	
Karosserie	selbsttragend		selbsttragende Ganzstahlkarosserie	
Vorderachse	Einzelradaufhängung an Dreieckquerlenkern und Schraubenfedern; Kurvenstabilisator; Teleskopstoßdämpfer		Einzelradaufhängung an trapezförmigen Dreiecksquerlenkern und McPherson-Federbeinen; Querstabilisator	
Hinterachse	Starrachse an Längslenkern und Schraubenfedern; Panhardstab; Teleskop-Stoßdämpfer		Starrachse an Längslenkern, Panhardstab und Schraubenfe.; hydr. Teleskop-Stoßdämpfer; Querstabilisator (Lim.)	
Bremsen	hydraulische Zweikreis-Bremsanlage „2 x 3" mit Servo, Bremskraftregulierventil sowie Scheiben rundum		hydraulische Zweikreis-Bremsanlage „2 x 3" mit Servo, Bremskraftregulierventil sowie Scheiben rundum	
Gewicht (leer)	ca. 1.380 kg		ca. 1.250 kg (242) bis ca. 1.315 kg (245)	
L x B x H	bis 6/1972: 4.705 x 1.735 x 1.435 mm; bis 6/1973: 4.710 x 1.735 x 1.435 mm; ab 8/1973: 4.870 x 1.735 x 1.435 mm		4.898 x 1.710 x 1.435 mm	
Radstand	bis 6/1970: 2.700 mm, ab 8/1970: 2.720 mm		2.640 mm	
Vmax.	ca. 170 km/h	ca. 185 km/h	ca. 150 km/h; ca. 170 km/h (F)	
Bauzeit	8/1968 bis 6/1973	8/1971 bis 6/1975	1974 bis 1976	1979 bis 1993
Stückzahl	153.179		siehe vorh. Seite (Volvo hat nicht nach Modell differenziert)	

* auf einigen Märkten als Fünfzylinder-Diesel D 20 mit 1.986 ccm Hubraum (Bohrung x Hub: siehe D 24) und 70 DIN-PS bei 4.800 U/min lieferbar

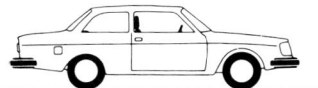

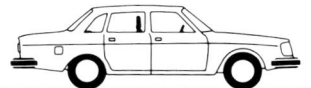

				Volvo 240
B 19	B 200	B 21	B 23, B 230	**Typ**
Vierzylinderviertakt-Reihenmotor; wassergekühlt; hängende Ventile, von obenliegender Nockenwelle über Zahnriemen betätigt; Leichtmetall-Zylinderkopf; fünffach gelagerte Kurbelwelle; ein Horziontalvergaser Zenith-Stromberg, Solex und DVG/Pierburg bzw. Benzineinspritzung Bosch K- und LH-Jetronic (E); Turbo: Abgas-Turbolader von Garrett AiResearch TB 03; Ladedruck 0,67 bar				**Motor**
1.986 ccm	1.986 ccm	2.127 ccm	2.316 ccm	**Hubraum**
88,9 x 80 mm	88,9 x 80 mm	92 x 80 mm	96 x 80 mm	**Bohrung x Hub**
siehe technische Daten „Motor"				**DIN-PS bei U/min**
siehe technische Daten „Motor"				**max. Drehmoment mkg bei U/min**
siehe technische Daten „Motor"				**Verdichtung**
mechanisch betätigte Einscheiben-Trockenkupplung; vollsynchronisiertes Viergangetriebe; Vierganggetriebe mit Overdrive; Fünfganggetriebe; auf Wunsch automatisches Drei- bzw. Viergang-Planetengetriebe mit hydraulischem Wandler (Borg-Warner Typ 35 und 55 bzw. Aisin-Warner Typ 70, 71); Mittelschalthebel; Hinterradantrieb				**Kraftübertragung**
selbsttragende Ganzstahlkarosserie				**Karosserie**
Einzelradaufhängung an trapezförmigen Dreiecksquerlenkern und McPherson-Federbeinen; Querstabilisator				**Vorderachse**
Starrachse an Längslenkern, Panhardstab und Schraubenfedern; hydraulische Teleskop-Stoßdämpfer; Querstabilisator (Limousinen)				**Hinterachse**
hydraulische Zweikreis-Bremsanlage „2 x 3" mit Servo, Bremskraftregulierventil sowie Scheiben rundum				**Bremsen**
240 T: 1.580 kg				**Gewicht (leer)**
240 T: Länge 5.610 mm Länge 240 ab Modelljahr 1981: 4.790 mm				**L x B x H**
240 T: 3.340 mm				**Radstand**
ca. 150 bis 190 km/h				**Vmax.**
242: 8/1974 bis 6/1984, 244 und 245: 8/1974 bis 5/1993				**Bauzeit**
insg.: 2.697.914 (davon 242: 245.257, 244: 1.490.214, 245: 962.443)				**Stückzahl**

*Auf einigen Märkten auch als B 17 mit 1.779 ccm und 90 PS bei 5.750 U/min bzw. bei 5.500 U/min lieferbar

Volvo 260

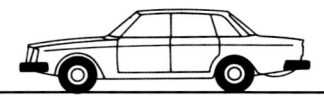

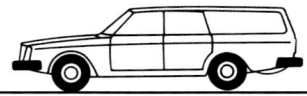

Typ	B 27 A	B 27 E, F	B 28 A	B 28 E, F
Motor		Sechszylinderviertakt-V-Motor (90°); wassergekühlt; hängende Ventile, von je einer obenliegenden Nockenwelle über Zahnriemen betätigt; Leichtmetall-Zylinderkopf und -block; vierfach gelagerte Kurbelwelle		
Hubraum	2.664 ccm	2.664 ccm	2.849 ccm	2.849 ccm
Bohrung x Hub	88 x 73 mm	88 x 73 mm	91 x 73 mm	91 x 73 mm
DIN-PS bei U/min	125/5.250	140/6.000 127/5.500 148/5.700 141/5.700	129/5.250	155/5.500 132/5.500
max. Drehmoment mkg bei U/min	20/3.500	20,8/3.000 20,7/2.750 22,2/3.000 22/3.000	21,6/3.000	23,4/3.000 21,2/2.750
Verdichtung	8,7:1	8,7:1	9,5:1	9,5:1 8,8:1
Kraftübertragung		mechanisch betätigte Einscheiben-Trockenkupplung; vollsynchronisiertes Vierganggetriebe; Vierganggetriebe mit Overdrive; Fünfganggetriebe; auf Wunsch automatisches Drei- bzw. Viergang-Planetengetriebe mit hydraulischem Wandler (Borg-Warner Typ 55); Mittelschalthebel; Hinterradantrieb		
Karosserie		selbsttragende Ganzstahlkarosserie		
Vorderachse		Einzelradaufhängung an trapezförmigen Dreiecksquerlenkern und McPherson-Federbeinen; Querstabilisator		
Hinterachse		Starrachse an Längslenkern, Panhardstab und Schraubenfedern; hydraulische Teleskop-Stoßdämpfer; Querstabilisator (Limousinen)		
Bremsen		hydraulische Zweikreis-Bremsanlage „2 x 3" mit Servo, Bremskraftregulierventil sowie Scheiben rundum		
Gewicht (leer)				
L x B x H		264 TE: 5.600 x 1.710 x 1.440 mm; 262 C: 4.880 (ab Modell 81: 4.785) x 1.710 x 1.360 mm		
Radstand		2.640 mm, ab 1979: 2.650 mm, 264 TE: 3.340 mm		
Vmax.		ca. 165 bis 190 km/h		
Bauzeit		262 Limousinen: 8/1974 bis 6/1976, 264: 8/1974 bis 6/1982, 265: 8/1975 bis 6/1985, 262 C: 8/1977 bis 6/1981, 264 TE: 8/1975 bis ca. 1981 bei Carrozzeria Bertone in Turin, ca. 1982 bis 1984 bei Yngve Nilssons Karosserifabrik in Laholm		
Stückzahl		insg.: 176.390 (davon 262 bzw. 262 C: 9.296, 264: 131.500 (davon 264 TE: 335), 265: 35.594)		

Ergänzende technische Daten Motor

Motor	PS bei U/min	max. Drehmoment (mkg bei U/min)	Verdichtungsverhältnis
B 17 A	90/5.750; 90/5.500	13,5/2.500	8,3:1
B 19 A	97/5.400 90/5.000 97/5.500	16,0/3.200 15,5/2.500 15,7/2.500	8,8:1 8,5:1
B 19 E	116/6.000	16,0/4.500; 15,3/4.500 15,3/45.00; 16,1/3.000	8,8:1; 9,2:1 10:1
B 19 ET	145/5.500	23,0/3.750	7,5:1
B 19 K	101/5.400	16,3/2.400	10:1
B 200 K	98/5.400 101/5.400	16,3/2.900 16,3/2.700	10:1 8,5:1
B 200 E	116/5.800	15,8/3.300	10:1
B 200 F	111/5.700	16,1/2.800	10:1
B 21 A	97/5.000 100/5.250 102/5.250 106/5.250 107/5.500	17,3/2.500 17,1/2.500 17,2/2.500 17,3/3.000 17,1/2.500 17,3/3.000 17,5/2.500 17,3/2.500	8,5:1 8,5:1 10:1 9,3:1
B 21 E	123/5.500	17,3/3.500; 16,5/3.500	9,3:1
B 21 ET	155/5.500	24,5/3.750	7,5:1
B 21 F	113/5.250 113/5.500 105/5.000	16,7/2.500 16,3/2.500 16,3/3.000	9,3:1
B 21 FT	133/5.400	21,4/3.750	7,5:1
B 23 A	112/5.000; 106/5.000	18,9/2.500; 18,2/2.500	10,3:1; 9:1
B 23 E	140/5.750; 136/5.500 129/5.250; 131/5.400	19,5/4.500; 19,4/4.500 19,4/3.000; 19,4/3.600	10:1 10,3:1; 10:1
B 23 F	113/5.400; 116/5.400	18,8/2.750; 18,3/3.500	9,5:1; 10,3:1
B 230 A	110/5.000; 106/5.400	19,1/2.500; 18,2/2.500	10,3:1; 9:1
B 230 K	116/5.100	k. A.	10,5:1
B 230 E	125/5.200	18,9/3.200	9,5:1
B 230 F	116/5.400	18,9/2.700	9,8:1
B 230 FD	116/5.400	18,7/2.500	10:1
B 230 FX	136/5.500	18,9/2.900	9,3:1

Fotonachweis

- Helmut Auschra, Bremen
- BERTONE Carrozzeria, Grugliasco/Turin
- Hans W. Bleckmann, Bad Nauheim
- Edition B6, Bremen
- Registro Pietro Frua, Karlsruhe
- Dieter Günther, Hamburg
- Mike Johnson, Guildford
- Dieter Kircher, Bad Vilbel
- Werner Koop, Reinbek
- Nilssons Special Vehicles, Laholm
- Norbert Oertel, Hamburg
- Boris Schmidt, Hofheim-Langenhain
- Max D. Steinberg, Wuppertal
- SZ Design (Zagato), Terrazzano di Rho
- Stefan Thiele, Wiesbaden
- VOLVO Historiska Arkiv/ Celero Support, Göteborg
- WAGNER & GÜNTHER, Hamburg
- Götz Welge, Hamburg
- Fa. Kurt Welsch, Mayen
- Dieter Wolbeck, Albertshofen

Dank

Ohne vielfältige Unterstützung und Hilfe wäre auch dieses Buch nicht zustande gekommen. So gilt unser Dank

- Ulla Bergwall, VOLVO Historiska Arkiv/ Celero Support, Göteborg
- Elisabetta Farmeschi, BERTONE Carrozzeria, Grugliasco
- Alberta Serafini, SZ Design (Zagato), Terrazzano di Rho
- Hans und Uwe Amthauer, Autohaus Amthauer, Frankfurt
- Helmut Auschra, ehemals Karosserie Pollmann, Bremen
- Eckhart Bartels, Ronnenberg
- Dominik Benz, München, Volvo 140/164 Club e.V.
- Hans W. Bleckmann, Bad Nauheim ehemals Teves, Frankfurt
- David Boulton, Perkins Engine Company Limited, Petersborough
- Volker Clasen, Clasen Motorsport, Elsdorf
- Dr. Stefan Dierkes, Registro Pietro Frua, Karlsruhe
- Michael Dietz, Fa. Kurt Welsch, Mayen
- Bo Haage, Linköping, ehemals Malte Månson Motor
- Thomas Hanel, Leiter Presse und PR VOLVO Car Germany, Köln
- Hans Hedtke, Darmstadt, ehemals Volvo Deutschland
- Carl-Eric Johansson, Volvo Original Cup, Söderhamn
- Werner Koop, Reinbek
- Dieter Kircher, Bad Vilbel, ehemals Teves, Frankfurt
- Peter Kurze, Edition B6, Bremen
- Bo Larsen, Leiter Presse VOLVO Sport, Göteborg
- Heinz Linninger, Leiter VOLVO Museum, Göteborg
- Peter Ludwig, WAGNER & GÜNTHER, Hamburg
- Fredrik Nilsson, Nilssons Special Vehicles, Laholm
- Bernd Petsch, Trebur, ehemals Volvo Deutschland
- Gerald Schadendorf, Hamburg
- Stefan Schröder, Mechernich
- Joginder Singh, Walton-on-Thames
- Max D. Steinberg, Wuppertal
- Stefan Thiele, Wiesbaden
- Peter Thomas, Rüsselsheim,
- Oliver Toedt, Bremen
- Jens-Peter Voss, Moormerland
- Michael Wagner, WAGNER & GÜNTHER, Hamburg
- Jochen Walter, Volvo Original Cup, Hohen Luckow
- Per-Inge Walfridsson, Torsby
- Götz Welge, Hamburg
- Dieter Wolbeck, Albertshofen

Unser besonderer Dank gilt Frau Ulla Bergwall als Leiterin des historischen Archivs von VOLVO. Wie schon so oft war sie eine gute Gastgeberin, als wir drei Tage (zumindest große Teile davon) bei ihr im Archiv verbrachten. Und uns bei dieser Gelegenheit durch ein paar tausend Fotos und Dias arbeiteten... Ein anderer, der unbedingt erwähnt werden muss, ist Heinz Linninger, Chef des VOLVO-Museums. Er hat uns durch Museum und Fundus geführt, hat uns viele Fragen stellen lassen und uns Fotos sogar von jenem Volvo 240 mit der Chassis-Nummer 1 machen lassen, der eigens für uns aus dem Ausstellungsbereich geräumt und vor die entsprechende Kulisse transportiert werden musste. Schließlich ist noch Thomas Hanel zu nennen, Leiter Presse und PR von VOLVO Car Germany. Und was wäre aus dem Kapitel „Gernegroß" ohne Max Steinberg – „Volvo-Max", wie er in der Szene heißt – geworden? Man darf gar nicht daran denken...

Die Autoren

Dieter Günther

Dieter Günther, Jahrgang 1950, in Schweden aufgewachsen, arbeitete nach Studium und Promotion zunächst in Stockholm und dann bei einer internationalen Organisation in Brüssel – bis er sein Hobby zum Beruf machte: Seit 1982 ist er als Motorjournalist tätig und veröffentlicht seither regelmäßig Beiträge in Deutschlands führender Fachzeitschrift für Liebhaberfahrzeuge »Oldtimer-Markt« sowie anderen europäischen Oldtimerzeitschriften.

Daneben legte er zahlreiche Bücher wie „Das große Mercedes SL-Buch" (mit Johannes Hübner), „Schweizer Automobile" (mit Rob de la Rive Box und Max Stoop) oder das „AvD-Oldtimer-Lexikon" vor, neben Titeln über Volvo: „Das große Buckel-Volvo-Buch", „Volvo Amazon – Die 120-Modelle" sowie „Sportliche Eleganz aus Schweden – der Volvo P 1800" (alle mit Walter Wolf).

Heute lebt Dieter Günther als Verleger und freier Journalist in Hamburg.

Boris Schmidt

Boris Schmidt, Jahrgang 1959, hat in Mainz Publizistik, Politik und Öffentliches Recht studiert. Autos sind seit 20 Jahren sein berufliches Zuhause; als Redakteur der Frankfurter Allgemeinen Zeitung schreibt er im Ressort „Technik und Motor" und verantwortet die Seite „Motormarkt".

Seit er sich vor einigen Jahren spontan einen Land Rover 109 zulegte, hat er zusammen mit Matthias Pfannmüller 1997 das Buch „Land Rover. Die ersten 50 Jahre" veröffentlicht. Dieses Buch wurde ein Jahr später in seiner englischen Fassung das offizielle Land-Rover-Jubiläumsbuch. Ein Titel über den Range Rover, verfasst mit Stefan Thiele, folgte.

Er ist heute begeisterter Volvo 144 Fahrer.